BEOBACHTUNGEN ÜBER DAS GEFÜHL DES SCHÖNEN UND ERHABENEN

IMMANUEL KANT

FV ÉDITIONS

INHALT

ERSTER ABSCHNITT

VON DEN UNTERSCHIEDENEN GEGENSTÄNDEN DES GEFÜHLS VOM ERHABENEN UND SCHÖNEN

Die verschiedenen Empfindungen des Vergnügens oder des Verdrusses beruhen nicht so sehr auf der Beschaffenheit der äußeren Dinge, die sie erregen, als auf dem jedem Menschen eigenen Gefühle, dadurch mit Lust oder Unlust gerührt zu werden. Daher kommen die Freuden einiger Menschen, woran andre einen Ekel haben, die verliebte Leidenschaft, die öfters jedermann ein Rätsel ist, oder auch der lebhafte Widerwille, den der eine woran empfindet, was dem andern völlig gleichgültig ist. Das Feld der Beobachtungen dieser Besonderheiten der menschlichen Natur erstreckt sich sehr weit und verbirgt annoch einen reichen Vorrat zu Entdeckungen, die ebenso anmutig als lehrreich sind. Ich werfe für jetzt meinen Blick nur auf einige Stellen, die sich in diesem Bezirke besonders auszunehmen scheinen, und auch auf diese mehr das Auge eines Beobachters als des Philosophen.

Weil ein Mensch sich nur insofern glücklich findet, als er eine Neigung befriedigt, so ist das Gefühl, welches ihn fähig macht, große Vergnügen zu genießen, ohne dazu ausnehmende Talente zu bedürfen, gewiß nicht eine Kleinigkeit. Wohlbeleibte Personen, deren geistreichster Autor ihr Koch ist und deren Werke von feinem Geschmack sich in ihrem Keller befinden, werden bei gemeinen Zoten und einem plumpen Scherz in ebenso lebhafte Freude geraten, als diejenige ist, worauf Personen in edeler Empfindung so stolz tun. Ein bequemer Mann, der die Vorlesung der Bücher liebt, weil es sich sehr wohl dabei einschlafen läßt, der Kaufmann, dem alle Vergnügen läppisch scheinen, dasjenige ausgenommen, was ein kluger Mann genießt, wenn er seinen Handlungsvorteil überschlägt, derjenige, der das andre Geschlecht nur insofern liebt, als er es zu den genießbaren Sachen zählt, der Liebhaber der Jagd, er mag nun Fliegen jagen, wie Domitian, oder wilde Tiere, wie A . ., alle diese haben ein Gefühl, welches sie fähig macht, Vergnügen nach ihrer Art zu genießen, ohne daß sie andere beneiden dürfen oder auch von andern sich einen Begriff machen können; allein ich wende für jetzt darauf keine Aufmerksamkeit. Es gibt noch ein Gefühl von feinerer Art, welches entweder darum so genannt wird, weil man es länger ohne Sättigung und Erschöpfung genießen kann, oder weil es sozusagen eine Reizbarkeit der Seele voraussetzt, die diese zugleich zu tugendhaften Regungen geschickt macht, oder weil es Talente und Verstandesvorzüge anzeigt, da im Gegenteil jene bei völliger Gedankenlosigkeit stattfinden können. Dieses Gefühl ist es, wovon ich eine Seite betrachten will. Doch schließe ich hievon die Neigung aus, welche auf hohe Verstandeseinsichten geheftet ist, und den Reiz, dessen ein Kepler fähig war, wenn er, wie Bayle berichtet, eine seiner Erfindungen nicht um ein Fürstentum würde verkauft haben. Diese Empfindung ist gar zu fein, als daß sie in gegenwärtigen Entwurf gehören sollte, welcher nur das sinnliche Gefühl berühren wird, dessen auch gemeinere Seelen fähig sind.

Das feinere Gefühl, was wir nun erwägen wollen, ist vornehmlich zwiefacher Art: das Gefühl des Erhabenen und des Schönen. Die Rührung von beiden ist angenehm, aber auf sehr verschiedene Weise. Der Anblick eines Gebirges, dessen beschneite Gipfel sich über Wolken erheben, die Beschreibung eines rasenden Sturms oder die Schilderung des höllischen Reichs von Milton erregen Wohlgefallen, aber mit Grausen; dagegen die Aussicht auf blumenreiche Wiesen, Täler mit schlängelnden Bächen, bedeckt von weidenden

Herden, die Beschreibung des Elysium oder Homers Schilderung von dem Gürtel der Venus veranlassen auch eine angenehme Empfindung, die aber fröhlich und lächlend ist. Damit jener Eindruck auf uns in gehöriger Stärke geschehen könne, so müssen wir ein Gefühl des Erhabenen und, um die letztere recht zu genießen, ein Gefühl für das Schöne haben. Hohe Eichen und einsame Schatten im heiligen Haine sind erhaben, Blumenbetten, niedrige Hecken und in Figuren geschnittene Bäume sind schön. Die Nacht ist erhaben, der Tag ist schön. Gemütsarten, die ein Gefühl für das Erhabene besitzen, werden durch die ruhige Stille eines Sommerabendes, wenn das zitternde Licht der Sterne durch die braunen Schatten der Nacht hindurchbricht und der einsame Mond im Gesichtskreise steht, allmählich in hohe Empfindungen gezogen, von Freundschaft, von Verachtung der Welt, von Ewigkeit. Der glänzende Tag flößt geschäftigen Eifer und ein Gefühl von Lustigkeit ein. Das Erhabene rührt, das Schöne reizt. Die Miene des Menschen, der im vollen Gefühl des Erhabenen sich befindet, ist ernsthaft, bisweilen starr und erstaunt. Dagegen kündigt sich die lebhafte Empfindung des Schönen durch glänzende Heiterkeit in den Augen, durch Züge des Lächelns und oft durch laute Lustigkeit an. Das Erhabene ist wiederum verschiedener Art. Das Gefühl desselben ist bisweilen mit einigem Grausen oder auch Schwermut, in einigen Fällen bloß mit ruhiger Bewunderung und in noch andern mit einer über einen erhabenen Plan verbreiteten Schönheit begleitet. Das erstere will ich das Schreckhaft-Erhabene, das zweite das Edle und das dritte das Prächtige nennen. Tiefe Einsamkeit ist erhaben, aber auf eine schreckhafte Art.[1] Daher große, weitgestreckte Einöden, wie die ungeheure Wüste Schamo in der Tartarei, jederzeit Anlaß gegeben haben, fürchterliche Schatten, Kobolde und Gespensterlarven dahin zu versetzen.

Das Erhabene muß jederzeit groß, das Schöne kann auch klein sein. Das Erhabene muß einfältig, das Schöne kann geputzt und geziert sein. Eine große Höhe ist ebensowohl erhaben als eine große Tiefe; allein diese ist mit der Empfindung des Schauderns begleitet, jene mit der Bewunderung; daher diese Empfindung schreckhaft erhaben und jene edel sein kann. Der Anblick einer ägyptischen Pyramide rührt, wie Hasselquist berichtet, weit mehr, als man sich aus aller Beschreibung es vorstellen kann, aber ihr Bau ist einfältig und edel. Die Peterskirche in Rom ist prächtig. Weil auf diesen Entwurf, der groß und einfältig ist, Schönheit, z. E. Gold, mosaische Arbeit usw. usw. so verbreitet ist, daß die Empfindung des Erhabenen doch am meisten hindurch wirkt, so heißt der Gegenstand prächtig. Ein Arsenal muß edel und einfältig, ein Residenzschloß prächtig und ein Lustpalast schön und geziert sein.

Eine lange Dauer ist erhaben. Ist sie von vergangener Zeit, so ist sie edel; wird sie in einer unabsehlichen Zukunft vorausgesehen, so hat sie etwas vom Schreckhaften an sich. Ein Gebäude aus dem entferntesten Altertum ist ehrwürdig. Hallers Beschreibung von der künftigen Ewigkeit stößt ein sanftes Grausen und von der vergangenen starre Bewunderung ein.

---

1. Ich will nur ein Beispiel von dem edlen Grausen geben, welches die Beschreibung einer gänzlichen Einsamkeit einflößen kann, und ziehe um deswillen einige Stellen aus Carazans Traum im Brem. Magazin, Band IV, Seite 539 aus. Dieser karge Reiche hatte nach dem Maße, als seine Reichtümer zunahmen, sein Herz dem Mitleiden und der Liebe gegen jeden andern verschlossen. Indessen, so wie die Menschenliebe in ihm erkaltete, nahm die Emsigkeit seiner Gebete und der Religionshandlungen zu. Nach diesem Geständnisse fährt er also fort zu reden. An einem Abende, da ich bei meiner Lampe meine Rechnungen zog und den Handlungsvorteil überschlug, überwältigte mich der Schlaf. In diesem Zustande sah ich den Engel des Todes wie einen Wirbelwind über mich kommen, er schlug mich, ehe ich den schrecklichen Streich abbitten konnte. Ich erstarrte, als ich gewahr ward, daß mein Los für die Ewigkeit geworfen sei und daß zu allem Guten, das ich verübt, nichts konnte hinzugetan, und von allem Bösen, das ich getan, nichts konnte hinweggenommen werden. Ich ward vor den Thron dessen, der in dem dritten Himmel wohnt, geführt. Der Glanz, der vor mir flammte, redete mich also an: »Carazan, dein Gottesdienst ist verworfen. Du hast

dein Herz der Menschenliebe verschlossen und deine Schätze mit einer eisernen Hand gehalten. Du hast nur für dich selbst gelebt, und darum sollst du auch künftig in Ewigkeit allein und von aller Gemeinschaft mit der ganzen Schöpfung ausgestoßen leben.« In diesem Augenblicke ward ich durch eine unsichtbare Gewalt fortgerissen und durch das glänzende Gebäude der Schöpfung getrieben. Ich ließ bald unzählige Welten hinter mir. Als ich mich dem äußersten Ende der Natur näherte, merkte ich, daß die Schatten des grenzenlosen Leeren sich in die Tiefe vor mich herabsenkten. Ein fürchterliches Reich von ewiger Stille, Einsamkeit und Finsternis. Unaussprechliches Grausen überfiel mich bei diesem Anblick. Ich verlor allgemach die letzten Sterne aus dem Gesichte, und endlich erlosch der letzte glimmernde Schein des Lichts in der äußersten Finsternis. Die Todesängste der Verzweiflung nahmen mit jedem Augenblicke zu, so wie jeder Augenblick meine Entfernung von der letzten bewohnten Welt vermehrte. Ich bedachte mit unleidlicher Herzensangst, daß, wenn zehntausendmal tausend Jahre mich jenseit den Grenzen alles Erschaffenen würden weitergebracht haben, ich doch noch immerhin in den unermeßlichen Abgrund der Finsternis vorwärts schauen würde ohne Hülfe oder Hoffnung einiger Rückkehr. – – In dieser Betäubung streckte ich meine Hände mit solcher Heftigkeit nach Gegenständen der Wirklichkeit aus, daß ich darüber erwachte. Und nun bin ich belehrt worden, Menschen hochzuschätzen; denn auch der Geringste von denjenigen, die ich im Stolze meines Glücks von meiner Türe gewiesen hatte, würde in jener erschrecklichen Einöde von mir allen Schätzen von Golconda weit sein vorgezogen worden. – –

ZWEITER ABSCHNITT

VON DEN EIGENSCHAFTEN DES ERHABENEN UND SCHÖNEN AM MENSCHEN ÜBERHAUPT

Verstand ist erhaben, Witz ist schön. Kühnheit ist erhaben und groß, List ist klein, aber schön. Die Behutsamkeit, sagte Cromwell, ist eine Bürgermeistertugend. Wahrhaftigkeit und Redlichkeit ist einfältig und edel, Scherz und gefällige Schmeichelei ist fein und schön. Artigkeit ist die Schönheit der Tugend. Uneigennütziger Diensteifer ist edel, Geschliffenheit (Politesse) und Höflichkeit sind schön. Erhabene Eigenschaften flößen Hochachtung, schöne aber Liebe ein. Leute, deren Gefühl vornehmlich auf das Schöne geht, suchen ihre redlichen, beständigen und ernsthaften Freunde nur in der Not auf; den scherzhaften, artigen und höflichen Gesellschafter aber erwählen sie sich zum Umgange. Man schätzt manchen viel zu hoch, als daß man ihn lieben könnte. Er flößt Bewunderung ein, aber er ist zu weit über uns, als daß wir mit der Vertraulichkeit der Liebe uns ihm zu nähern getrauten.

Diejenige, welche beiderlei Gefühl in sich vereinbaren, werden finden: daß die Rührung von dem Erhabenen mächtiger ist wie die vom Schönen, nur daß sie ohne Abwechselung oder Begleitung der letzteren ermüdet und nicht so lange genossen werden kann.[1] Die hohen Empfindungen, zu denen die Unterredung in einer Gesellschaft von guter Wahl sich bisweilen erhebt, müssen sich dazwischen in heiteren Scherz auflösen, und die lachenden Freuden sollen mit der gerührten, ernsthaften Miene den schönen Kontrast machen, welcher beide Arten von Empfindung ungezwungen abwechseln läßt. Freundschaft hat hauptsächlich den Zug des Erhabenen, Geschlechterliebe aber des Schönen an sich. Doch geben Zärtlichkeit und tiefe Hochachtung der letzteren eine gewisse Würde und Erhabenheit, dagegen gaukelhafter Scherz und Vertraulichkeit das Kolorit des Schönen in dieser Empfindung erhöhen. Das Trauerspiel unterscheidet sich meiner Meinung nach vom Lustspiele vornehmlich darin: daß in dem ersteren das Gefühl fürs Erhabene, im zweiten für das Schöne gerührt wird. In dem ersteren zeigen sich großmütige Aufopferung für fremdes Wohl, kühne Entschlossenheit in Gefahren und geprüfte Treue. Die Liebe ist daselbst schwermütig, zärtlich und voll Hochachtung; das Unglück anderer bewegt in dem Busen des Zuschauers teilnehmende Empfindungen und läßt sein großmütig Herz für fremde Not klopfen. Er wird sanft gerührt und fühlt die Würde seiner eigenen Natur. Dagegen stellt das Lustspiel feine Ränke, wunderliche Verwirrungen und Witzige, die sich herauszuziehen wissen, Narren, die sich betrügen lassen, Späße und lächerliche Charaktere vor. Die Liebe ist hier nicht so grämisch, sie ist lustig und vertraulich. Doch kann so wie in andern Fällen, also auch in diesen das Edle mit dem Schönen in gewissem Grade vereinbart werden.

Selbst die Laster und moralischen Gebrechen führen öfters gleichwohl einige Züge des Erhabenen oder Schönen bei sich; wenigstens so wie sie unserem sinnlichen Gefühl erscheinen, ohne durch Vernunft geprüft zu sein. Der Zorn eines Furchtbaren ist erhaben, wie Achilles' Zorn in der Iliade. Überhaupt ist der Held des Homers schrecklich erhaben, des Virgils seiner dagegen edel. Offenbare dreiste Rache nach großer Beleidigung hat etwas Großes an sich, und so unerlaubt sie auch sein mag, so rührt sie in der Erzählung gleichwohl mit Grausen und Wohlgefallen. Als Schach Nadir zur Nachtzeit von einigen Verschwornen in seinem Zelte überfallen ward, so rief er, wie Hanway erzählt, nachdem er schon einige Wunden bekommen und sich voll Verzweiflung wehrte: »Erbarmung! ich will euch allen vergeben.« Einer unter ihnen antwortete, indem er den Säbel in die Höhe hob: »Du hast keine Erbarmung bewiesen und verdienst auch keine.« Entschlossene Verwegenheit an einem Schelmen ist höchst gefährlich, aber sie rührt doch in der Erzählung, und selbst wenn er zu einem schändlichen Tode geschleppt wird, so veredelt er ihn noch gewissermaßen dadurch, daß er ihm trotzig und mit Verachtung entgegengeht. Von der andern Seite hat ein listig ausgedachter Entwurf, wenn er gleich auf ein Bubenstück ausgeht, etwas an sich, was fein ist und belacht wird. Buhlerische Neigung (Koketterie) im feinen Verstande, nämlich eine Geflissenheit einzunehmen und zu reizen, an einer sonst artigen Person ist vielleicht tadelhaft, aber doch schön und wird gemeiniglich dem ehrbaren, ernsthaften Anstande vorgezogen.

Die Gestalt der Personen, die durch ihr äußeres Ansehen gefallen, schlägt bald in eine, bald in die andere Art des Gefühls ein. Eine große Statur erwirbt sich Ansehen und Achtung, eine kleine mehr Vertraulichkeit. Selbst die bräunliche Farbe und schwarze Augen sind dem Erhabenen, blaue Augen und blonde Farbe dem Schönen näher verwandt. Ein etwas größeres Alter vereinbart sich mehr mit den Eigenschaften des Erhabenen, Jugend aber mit denen des Schönen. So ist es auch mit dem Unterschiede der Stände bewandt, und in allen diesen nur erwähnten Beziehungen müssen sogar die Kleidungen auf diesen Unterschied des Gefühls eintreffen. Große, ansehnliche Personen müssen Einfalt, höchstens Pracht in ihrer Kleidung beobachten, kleine können geputzt und geschmückt sein. Dem Alter geziemen dunklere Farben und Einförmigkeit im Anzuge, die Jugend schimmert durch hellere und lebhaft abstechende Kleidungsstücke. Unter den Ständen muß bei gleichem Vermögen und Range der Geistliche die größte Einfalt, der Staatsmann die meiste Pracht zeigen. Der Cicisbeo kann sich ausputzen, wie es ihm beliebt.

Auch in äußerlichen Glücksumständen ist etwas, das wenigstens nach dem Wahne der Menschen in diese Empfindungen einschlägt. Geburt und Titel finden die Menschen gemeiniglich zur Achtung geneigt. Reichtum auch ohne Verdienste wird selbst von Uneigennützigen geehrt, vermutlich weil sich mit seiner Vorstellung Entwürfe von großen Handlungen vereinbaren, die dadurch könnten ausgeführt werden. Diese Achtung trifft gelegentlich auch manchen reichen Schurken, der solche Handlungen niemals ausüben wird und von dem edlen Gefühl keinen Begriff hat, welches Reichtümer einzig und allein schätzbar machen kann. Was das Übel der Armut vergrößert, ist die Geringschätzung, welche auch nicht durch Verdienste gänzlich kann überwogen werden, wenigstens nicht vor gemeinen Augen, wo nicht Rang und Titel dieses plumpe Gefühl täuschen und einigermaßen zu dessen Vorteil hintergehen.

In der menschlichen Natur finden sich niemals rühmliche Eigenschaften, ohne daß zugleich Abartungen derselben durch unendliche Schattierungen bis zur äußersten Unvollkommenheit übergehen sollten. Die Eigenschaft des Schrecklich-Erhabenen, wenn sie ganz unnatürlich wird, ist abenteuerlich.[2] Unnatürliche Dinge, insofern das Erhabene darin gemeint ist, ob es gleich wenig oder gar nicht angetroffen wird, sind Fratzen. Wer das Abenteuerliche liebt und glaubt, ist ein Phantast, die Neigung zu Fratzen macht den Grillenfänger. Andererseits artet das Gefühl des Schönen aus, wenn das Edle dabei gänzlich mangelt, und man nennt es läppisch. Eine Mannsperson von dieser Eigenschaft, wenn sie jung ist, heißt ein Laffe; ist sie im mittleren Alter, so ist es ein Geck. Weil dem höheren Alter das Erhabene am notwendigsten ist, so ist ein alter Geck das verächtlichste Geschöpf in der Natur, so wie ein junger Grillenfänger das widrigste und unleidlichste ist. Scherze und Munterkeit schlagen in das Gefühl des Schönen ein. Gleichwohl kann noch ziemlich viel Verstand hindurchscheinen, und insofern können sie mehr oder weniger dem Erhabenen verwandt sein. Der, in dessen Munterkeit diese Dazumischung unmerklich ist, faselt. Der beständig faselt, ist albern. Man merkt leicht, daß auch kluge Leute bisweilen faseln und daß nicht wenig Geist dazu gehöre, den Verstand eine kurze Zeit von seinem Posten abzurufen, ohne daß dabei etwas versehen wird. Derjenige, dessen Reden oder Handlungen weder belustigen noch rühren, ist langweilig. Der Langweilige, insofern er gleichwohl beides zu tun geschäftig ist, ist abgeschmackt. Der Abgeschmackte, wenn er aufgeblasen ist, ist ein Narr.[3]

Ich will diesen wunderlichen Abriß der menschlichen Schwachheiten durch Beispiele etwas verständlicher machen; denn der, welchem Hogarths Grabstichel fehlt, muß, was der Zeichnung am Ausdrucke mangelt, durch Beschreibung ersetzen. Kühne Übernehmung der Gefahren für unsere, des Vaterlandes oder unserer Freunde Rechte ist erhaben. Die Kreuzzüge, die alte Ritterschaft waren abenteuerlich: die Duelle, ein elender Rest der letztern aus einem verkehrten Begriff des Ehrenrufs, sind Fratzen. Schwermütige Entfernung von dem Geräusche der Welt aus einem rechtmäßigen Überdrusse ist edel. Der alten Eremiten einsiedlerische Andacht war abenteuerlich. Klöster und dergleichen Gräber, um lebendige Heilige einzusperren, sind Fratzen. Bezwingung seiner Leidenschaften durch Grundsätze ist erhaben. Kasteiungen, Gelübde und andere Mönchstugenden mehr sind Fratzen. Heilige Knochen, heiliges Holz und aller dergleichen Plunder, den heiligen Stuhlgang des großen Lama von Tibet nicht ausgeschlossen, sind Fratzen. Von den Werken des Witzes und des feinen Gefühls fallen die epischen Gedichte des Virgils und Klopstocks ins Edle, Homers und Miltons ins Abenteuerliche. Die Verwandelungen des Ovids sind Fratzen, die Feenmärchen des französischen Aberwitzes sind die elendesten Fratzen, die jemals ausgeheckt worden. Anakreontische Gedichte sind gemeiniglich sehr nahe beim Läppischen.

Die Werke des Verstandes und der Scharfsinnigkeit, insofern ihre Gegenstände auch etwas für das Gefühl enthalten, nehmen gleichfalls einigen Anteil an den gedachten Verschiedenheiten. Die mathematische Vorstellung von der unermeßlichen Größe des Weltbaues, die Betrachtungen der Metaphysik von der Ewigkeit, der Vorsehung, der Unsterblichkeit unserer Seele enthalten eine gewisse Erhabenheit und Würde. Hingegen wird die Weltweisheit auch durch viel leere Spitzfindigkeiten entstellt, und der Anschein der Gründlichkeit hindert nicht, daß die vier syllogistischen Figuren nicht zu Schulfratzen gezählt zu werden verdienten.

In moralischen Eigenschaften ist wahre Tugend allein erhaben. Es gibt gleichwohl gute sittliche Qualitäten, die liebenswürdig und schön sind und, insofern sie mit der Tugend harmonieren, auch als edel angesehen werden, ob sie gleich eigentlich nicht zur tugendhaften Gesinnung gezählt werden können. Das Urteil hierüber ist fein und verwickelt. Man kann gewiß die Gemütsverfassung nicht tugendhaft nennen, die ein Quell solcher Handlungen ist, auf welche zwar auch die Tugend hinauslaufen würde, allein aus einem Grunde, der nur zufälligerweise damit übereinstimmt, seiner Natur nach aber den allgemeinen Regeln der Tugend auch öfters widerstreiten kann. Eine gewisse Weichmütigkeit, die leichtlich in ein warmes Gefühl des Mitleidens gesetzt wird, ist schön und liebenswürdig; denn es zeigt eine gütige Teilnehmung an dem Schicksale anderer Menschen an, worauf Grundsätze der Tugend gleichfalls hinausführen. Allein diese gutartige Leidenschaft ist gleichwohl schwach und jederzeit blind. Denn setzet, diese Empfindung bewege euch, mit eurem Aufwande einem Notleidenden aufzuhelfen, allein ihr seid einem andern schuldig und setzt euch dadurch außerstand, die strenge Pflicht der Gerechtigkeit zu erfüllen, so kann offenbar die Handlung aus keinem tugendhaften Vorsatze entspringen, denn ein solcher könnte euch unmöglich anreizen, eine höhere Verbindlichkeit dieser blinden Bezauberung aufzuopfern. Wenn dagegen die allgemeine Wohlgewogenheit gegen das menschliche Geschlecht in euch zum Grundsatze geworden ist, welchem ihr jederzeit eure Handlungen unterordnet, alsdann bleibt die Liebe gegen den Notleidenden noch, allein sie ist jetzt aus einem höhern Standpunkte in das wahre Verhältnis gegen eure gesamte Pflicht versetzt worden. Die allgemeine Wohlgewogenheit ist ein Grund der Teilnehmung an seinem Übel, aber auch zugleich der Gerechtigkeit, nach deren Vorschrift ihr jetzt diese Handlung unterlassen müsset. Sobald nun dieses Gefühl zu seiner gehörigen Allgemeinheit gestiegen ist, so ist es erhaben, aber auch kälter. Denn es ist nicht möglich, daß unser Busen für jedes Menschen Anteil von Zärtlichkeit aufschwelle und bei jeder fremden Not in Wehmut schwimme, sonst würde der Tugendhafte, unaufhörlich in mitleidigen Tränen wie Heraklit schmelzend, bei aller dieser Gutherzigkeit gleichwohl nichts weiter als ein weichmütiger Müßiggänger werden.[4]

Die zweite Art des gütigen Gefühls, welches zwar schön und liebenswürdig, aber noch nicht die Grundlage einer wahren Tugend ist, ist die Gefälligkeit, eine Neigung, andern durch Freundlichkeit, durch Einwilligung in ihr Verlangen und durch Gleichförmigkeit unseres Betragens mit ihren Gesinnungen angenehm zu werden. Dieser Grund einer reizenden Geselligkeit ist schön und die Biegsamkeit eines solchen Herzens gutartig.

Allein sie ist so gar keine Tugend, daß, wo nicht höhere Grundsätze ihr Schranken setzen und sie schwächen, alle Laster daraus entspringen können. Denn nicht zu gedenken, daß diese Gefälligkeit gegen die, mit welchen wir umgehen, sehr oft eine Ungerechtigkeit gegen andre ist, die sich außer diesem kleinen Zirkel befinden, so wird ein solcher Mann, wenn man diesen Antrieb allein nimmt, alle Laster haben können, nicht aus unmittelbarer Neigung, sondern weil er gerne zu gefallen lebt. Er wird aus liebreicher Gefälligkeit ein Lügner, ein Müßiggänger, ein Säufer usw. usw. sein, denn er handelt nicht nach den Regeln, die auf das Wohlverhalten überhaupt gehen, sondern nach einer Neigung, die an sich schön, aber, indem sie ohne Haltung und ohne Grundsätze ist, läppisch wird.

Demnach kann wahre Tugend nur auf Grundsätze gepfropft werden, und je allgemeiner sie sind, desto erhabener und edler wird sie. Diese Grundsätze sind nicht spekulativische Regeln, sondern das Bewußtsein eines Gefühls, das in jedem menschlichen Busen lebt und sich viel weiter als auf die besonderen Gründe des Mitleidens und der Gefälligkeit erstreckt. Ich glaube, ich fasse alles zusammen, wenn ich sage, es sei das Gefühl von der Schönheit und der Würde der menschlichen Natur. Das erstere ist ein Grund der allgemeinen Wohlgewogenheit, das zweite der allgemeinen Achtung, und wenn dieses Gefühl die größte Vollkommenheit in irgendeinem menschlichen Herzen hätte, so würde dieser Mensch sich zwar auch selbst lieben und schätzen, aber nur insofern er einer von allen ist, auf die sein ausgebreitetes und edles Gefühl sich ausdehnt. Nur indem man einer so erweiterten Neigung seine besondere unterordnet, können unsere gütigen Triebe proportioniert angewandt werden und den edlen Anstand zuwege bringen, der die Schönheit der Tugend ist.

In Ansehung der Schwäche der menschlichen Natur und der geringen Macht, welche das allgemeine moralische Gefühl über die mehrsten Herzen ausüben würde, hat die Vorsehung dergleichen hülfeleistende Triebe als Supplemente der Tugend in uns gelegt, die, indem sie einige auch ohne Grundsätze zu schönen Handlungen bewegen, zugleich andern, die durch diese letzteren regiert werden, einen größeren Stoß und einen stärkern Antrieb dazu geben können. Mitleiden und Gefälligkeit sind Gründe von schönen Handlungen, die vielleicht durch das Übergewicht eines gröberen Eigennutzes insgesamt würden erstickt werden, allein nicht unmittelbare Gründe der Tugend, wie wir gesehen haben, obgleich, da sie durch die Verwandtschaft mit ihr geadelt werden, sie auch ihren Namen erwerben. Ich kann sie daher adoptierte Tugenden nennen, diejenige aber, die auf Grundsätzen beruht, die echte Tugend. Jene sind schön und reizend, diese allein ist erhaben und ehrwürdig. Man nennt ein Gemüt, in welchem die ersteren Empfindungen regieren, ein gutes Herz und den Menschen von solcher Art gutherzig; dagegen man mit Recht dem Tugendhaften aus Grundsätzen ein edles Herz beilegt, ihn selber aber einen rechtschaffenen nennt. Diese adoptierten Tugenden haben gleichwohl mit den wahren Tugenden große Ähnlichkeit, indem sie das Gefühl einer unmittelbaren Lust an gütigen und wohlwollenden Handlungen enthalten. Der Gutherzige wird ohne weitere Absicht aus unmittelbarer Gefälligkeit friedsam und höflich mit euch umgehen und aufrichtiges Beileid bei der Not eines andern empfinden.

Allein da diese moralische Sympathie gleichwohl noch nicht genug ist, die träge menschliche Natur zu gemeinnützigen Handlungen anzutreiben, so hat die Vorsehung in uns noch ein gewisses Gefühl gelegt, welches fein ist und uns in Bewegung setzen oder auch dem gröberen Eigennutze und der gemeinen Wollust das Gleichgewicht leisten kann. Dieses ist das Gefühl für Ehre und dessen Folge die Scham. Die Meinung, die andere von unserm Werte haben mögen, und ihr Urteil von unsern Handlungen ist ein Bewegungsgrund von großem Gewichte, der uns manche Aufopferungen ablockt, und was ein guter Teil

der Menschen weder aus einer unmittelbar auf-
steigenden Regung der Gutherzigkeit noch aus
Grundsätzen würde getan haben, geschieht oft
genug bloß um des äußeren Scheines willen aus
einem Wahne, der sehr nützlich, obzwar an sich
selbst sehr seicht ist, als wenn das Urteil anderer
den Wert von uns und unsern Handlungen be-
stimmte. Was aus diesem Antriebe geschieht, ist
nicht im mindesten tugendhaft, weswegen auch
ein jeder, der für einen solchen gehalten werden
will, den Bewegungsgrund der Ehrbegierde wohl-
bedächtig verhehlt. Es ist auch diese Neigung
nicht einmal so nahe wie die Gutherzigkeit der
echten Tugend verwandt, weil sie nicht unmittelbar durch die Schönheit der Handlungen, sondern durch den in fremde Augen fallenden
Anstand derselben bewegt werden kann. Ich kann
demnach, da gleichwohl das Gefühl für Ehre fein
ist, das Tugendähnliche, was dadurch veranlaßt
wird, den Tugendschimmer nennen.

Vergleichen wir die Gemütsarten der Menschen, insofern eine von diesen drei Gattungen
des Gefühls in ihnen herrscht und den moralischen Charakter bestimmt, so finden wir, daß eine
jede derselben mit einem der gewöhnlichermaßen
eingeteilten Temperamente in näherer Verwandtschaft stehe, doch so, daß über dieses ein größerer
Mangel des moralischen Gefühls dem phlegmatischen zum Anteil werden würde. Nicht als wenn

das Hauptmerkmal in dem Charakter dieser verschiedenen Gemütsarten auf die gedachten Züge ankäme; denn das gröbere Gefühl, z. E. des Eigennutzes, der gemeinen Wollust usw. usw., erwägen wir in dieser Abhandlung gar nicht, und auf dergleichen Neigungen wird bei der gewöhnlichen Einteilung gleichwohl vorzüglich gesehen; sondern weil die erwähnten feineren moralischen Empfindungen sich leichter mit einem oder dem andern dieser Temperamente vereinbaren lassen und wirklich meistenteils damit vereinigt sind.

Ein innigliches Gefühl für die Schönheit und Würde der menschlichen Natur, und eine Fassung und Stärke des Gemüts, hierauf als auf einen allgemeinen Grund seine gesamten Handlungen zu beziehen, ist ernsthaft und gesellt sich nicht wohl mit einer flatterhaften Lustigkeit, noch mit dem Unbestand eines Leichtsinnigen. Es nähert sich sogar der Schwermut, einer sanften und edlen Empfindung, insofern sie sich auf dasjenige Grausen gründet, das eine eingeschränkte Seele fühlt, wenn sie, von einem großen Vorsatze voll, die Gefahren sieht, die sie zu überstehen hat, und den schweren, aber großen Sieg der Selbstüberwindung vor Augen hat. Die echte Tugend also aus Grundsätzen hat etwas an sich, was am meisten mit der melancholischen Gemütsverfassung im gemilderten Verstande zusammenzustimmen scheint.

Die Gutherzigkeit, eine Schönheit und feine Reizbarkeit des Herzens, nach dem Anlaß, der sich vorfindet, in einzelnen Fällen mit Mitleiden oder Wohlwollen gerührt zu werden, ist dem Wechsel der Umstände sehr unterworfen, und indem die Bewegung der Seele nicht auf einem allgemeinen Grundsatze beruht, so nimmt sie leichtlich veränderte Gestalten an, nachdem die Gegenstände eine oder die andere Seite darbieten. Und da diese Neigung auf das Schöne hinausläuft, so scheint sie sich mit derjenigen Gemütsart, die man sanguinisch nennt, welche flatterhaft und den Belustigungen ergeben ist, am natürlichsten zu vereinbaren. In diesem Temperamente werden wir die beliebten Eigenschaften, die wir adoptierte Tugenden nannten, zu suchen haben.

Das Gefühl für die Ehre ist sonst schon gewöhnlich als ein Merkmal der cholerischen Komplexion angenommen worden, und wir können dadurch Anlaß nehmen, die moralischen Folgen dieses feinen Gefühls, welche mehrenteils nur aufs Schimmern abgezielt sind, zu Schilderung eines solchen Charakters aufzusuchen.

Niemals ist ein Mensch ohne alle Spuren der feineren Empfindung, allein ein größerer Mangel derselben, der vergleichungsweise auch Fühllosigkeit heißt, kommt in den Charakter des phlegmatischen, den man sonst auch sogar der gröbern Triebfedern, als der Geldbegierde usw. usw., beraubt, die wir aber zusamt andern, verschwisterten Neigungen ihm allenfalls lassen können, weil sie gar nicht in diesen Plan gehören.

Laßt uns anjetzt die Empfindungen des Erhabenen und Schönen, vornehmlich sofern sie moralisch sind, unter der angenommenen Einteilung der Temperamente näher betrachten.

Der, dessen Gefühl ins Melancholische einschlägt, wird nicht darum so genannt, weil er, der Freuden des Lebens beraubt, sich in finsterer Schwermut härmt, sondern weil seine Empfindungen, wenn sie über einen gewissen Grad vergrößert würden oder durch einige Ursachen eine falsche Richtung bekämen, auf dieselbe leichter als einen andern Zustand auslaufen würden. Er hat vorzüglich ein Gefühl für das Erhabene. Selbst die Schönheit, für welche er ebensowohl Empfindung hat, muß ihn nicht allein reizen, sondern, indem sie ihm zugleich Bewunderung einflößt, rühren. Der Genuß der Vergnügen ist bei ihm ernsthafter, aber um deswillen nicht geringer. Alle Rührungen des Erhabenen haben mehr Bezauberndes an sich als die gaukelnden Reize des Schönen. Sein Wohlbefinden wird eher Zufriedenheit als Lustigkeit sein. Er ist standhaft. Um deswillen ordnet er seine Empfindungen unter Grundsätze. Sie sind desto weniger dem Unbestande und der Veränderung unterworfen, je allgemeiner dieser Grundsatz ist, welchem sie untergeordnet werden, und je erweiterter also das hohe Gefühl ist, welches die niederen unter sich befaßt. Alle besonderen Gründe der Neigungen sind vielen Ausnahmen und Änderungen unterworfen, wofern sie nicht aus einem solchen oberen Grunde abgeleitet sind. Der muntere und freundliche Alcest sagt: »Ich liebe und schätze meine Frau, denn sie ist schön, schmeichelhaft und klug.« Wie aber, wenn sie nun durch Krankheit entstellt, durch Alter mürrisch und, nachdem die erste Bezauberung verschwunden, euch nicht klüger scheinen würde wie jede andere? Wenn der Grund nicht mehr da ist, was kann aus der Neigung werden? Nehmet dagegen den wohlwollenden und gesetzten Adrast, welcher bei sich denkt: »Ich werde dieser Person liebreich und mit Achtung begegnen, denn sie ist meine Frau.« Diese Gesinnung ist edel und großmütig. Nunmehr mögen die zufälligen Reize sich ändern, sie ist gleichwohl noch immer seine Frau. Der edle Grund bleibt und ist nicht dem Unbestande äußerer Dinge so sehr unterworfen. Von solcher Beschaffenheit sind Grundsätze in Vergleichung der Regungen, die bloß bei einzelnen Veranlassungen aufwallen, und so ist der Mann von Grundsätzen in Gegenhalt mit demjenigen, welchem gelegentlich eine gutherzige und liebreiche Bewegung anwandelt. Wie aber, wenn sogar die geheime Sprache seines Herzens also lautete: »Ich muß jenem Menschen da zu Hülfe kommen, denn er leidet; nicht daß er etwa mein Freund oder Gesellschafter wäre oder daß ich ihn fähig hielte, dereinst Wohltat mit Dankbarkeit zu erwidern. Es ist jetzt keine Zeit zu vernünfteln und sich bei Fragen aufzuhalten: er ist ein Mensch, und was Menschen widerfährt, das trifft auch mich.« Alsdann stützt sich sein Verfahren auf den höchsten Grad des Wohlwollens in der menschlichen Natur und ist äußerst erhaben, sowohl seiner Unveränderlichkeit nach, als um der Allgemeinheit seiner Anwendung willen.

Ich fahre in meinen Anmerkungen fort. Der Mensch von melancholischer Gemütsverfassung bekümmert sich wenig darum, was andere urteilen, was sie für gut oder für wahr halten, er stützt sich desfalls bloß auf seine eigene Einsicht. Weil die Bewegungsgründe in ihm die Natur der Grundsätze annehmen, so ist er nicht leicht auf andere Gedanken zu bringen; seine Standhaftigkeit artet auch bisweilen in Eigensinn aus. Er sieht den Wechsel der Moden mit Gleichgültigkeit und ihren Schimmer mit Verachtung an. Freundschaft ist erhaben und daher für sein Gefühl. Er kann vielleicht einen veränderlichen Freund verlieren, allein dieser verliert ihn nicht ebensobald. Selbst das Andenken der erloschenen Freundschaft ist ihm noch ehrwürdig. Gesprächigkeit ist schön, gedankenvolle Verschwiegenheit erhaben. Er ist ein guter Verwahrer seiner und anderer Geheimnisse. Wahrhaftigkeit ist erhaben, und er haßt Lügen oder Verstellung. Er hat ein hohes Gefühl von der Würde der menschlichen Natur. Er schätzt sich selbst und hält einen Menschen für ein Geschöpf, das da Achtung verdient. Er erduldet keine verworfene Untertänigkeit und atmet Freiheit in einem edlen Busen. Alle Ketten von den vergoldeten an, die man am Hofe trägt, bis zu dem schweren Eisen des Galeerensklaven sind ihm abscheulich. Er ist ein strenger Richter seiner selbst und anderer, und nicht selten seiner sowohl als der Welt überdrüssig.

In der Ausartung dieses Charakters neigt sich die Ernsthaftigkeit zur Schwermut, die Andacht zur Schwärmerei, der Freiheitseifer zum Enthusiasmus. Beleidigung und Ungerechtigkeit zünden in ihm Rachbegierde an. Er ist alsdann sehr zu fürchten. Er trotzt der Gefahr und verachtet den Tod. Bei der Verkehrtheit seines Gefühls und dem Mangel einer aufgeheiterten Vernunft verfällt er aufs Abenteuerliche. Eingebungen, Erscheinungen, Anfechtungen. Ist der Verstand noch schwächer, so gerät er auf Fratzen. Bedeutende Träume, Ahndungen und Wunderzeichen. Er ist in Gefahr, ein Phantast oder ein Grillenfänger zu werden.

Der von sanguinischer Gemütsverfassung hat ein herrschendes Gefühl für das Schöne. Seine Freuden sind daher lachend und lebhaft. Wenn er nicht lustig ist, so ist er mißvergnügt und kennt wenig die zufriedne Stille. Mannigfaltigkeit ist schön, und er liebt die Veränderung. Er sucht die Freude in sich und um sich, belustigt andere und ist ein guter Gesellschafter. Er hat viel moralische Sympathie. Anderer Fröhlichkeit macht ihn vergnügt und ihr Leid weichherzig. Sein sittliches Gefühl ist schön, allein ohne Grundsätze, und hängt jederzeit unmittelbar von dem gegenwärtigen Eindrucke ab, den die Gegenstände auf ihn machen. Er ist ein Freund von allen Menschen oder, welches einerlei sagen will, eigentlich niemals ein Freund, ob er zwar gutherzig und wohlwollend ist. Er verstellt sich nicht. Er wird euch heute mit seiner Freundlichkeit und guten Art unterhalten, morgen, wenn ihr krank oder im Unglücke seid, wahres und ungeheucheltes Beileid empfinden, aber sich sachte davonschleichen, bis sich die Umstände geändert haben. Er muß niemals Richter sein. Die Gesetze sind ihm gemeiniglich zu strenge, und er läßt sich durch Tränen bestechen. Er ist ein schlimmer Heiliger, niemals recht gut und niemals recht böse. Er schweift öfters aus und ist lasterhaft, mehr aus Gefälligkeit als aus Neigung. Er ist freigebig und wohltätig, aber ein schlechter Zahler dessen, was er schuldig ist, weil er wohl viel Empfindung für Güte, aber wenig für Gerechtigkeit hat. Niemand hat eine so gute Meinung von seinem eigenen Herzen als er.

Wenn ihr ihn gleich nicht hochachtet, so werdet ihr ihn doch lieben müssen. In dem größeren Verfall seines Charakters gerät er ins Läppische, er ist tändelnd und kindisch. Wenn nicht das Alter noch etwa die Lebhaftigkeit mindert oder mehr Verstand herbeibringt, so ist er in Gefahr, ein alter Geck zu werden.

Der, welchen man unter der cholerischen Gemütsbeschaffenheit meint, hat ein herrschendes Gefühl für diejenige Art des Erhabenen, welche man das Prächtige nennen kann. Sie ist eigentlich nur der Schimmer der Erhabenheit und eine stark abstechende Farbe, welche den inneren Gehalt der Sache oder Person, der vielleicht nur schlecht und gemein ist, verbirgt und durch den Schein täuscht und rührt. So wie ein Gebäude durch eine Übertünchung, welche gehauene Steine vorstellt, einen ebenso edlen Eindruck macht, als wenn es wirklich daraus bestände, und geklebtem Gesimse und Pilastern die Meinung von Festigkeit geben, ob sie gleich wenig Haltung haben und nichts unterstützen: also glänzen auch tombakene Tugenden, Flittergold von Weisheit und gemaltes Verdienst.

Der Cholerische betrachtet seinen eigenen Wert und den Wert seiner Sachen und Handlungen aus dem Anstande oder dem Scheine, womit er in die Augen fällt. In Ansehung der inneren Beschaffenheit und der Bewegungsgründe, die der Gegenstand selber enthält, ist er kalt, weder erwärmt durch wahres Wohlwollen, noch gerührt durch Achtung.[5] Sein Betragen ist künstlich. Er muß allerlei Standpunkte zu nehmen wissen, um seinen Anstand aus der verschiedenen Stellung der Zuschauer zu beurteilen; denn er frägt wenig darnach, was er sei, sondern nur, was er scheine. Um deswillen muß er die Wirkung auf den allgemeinen Geschmack und die mancherlei Eindrücke wohl kennen, die sein Verhalten außer ihm haben wird. Da er in dieser schlauen Aufmerksamkeit durchaus kalt Blut bedarf und nicht durch Liebe, Mitleiden und Teilnehmung seines Herzens sich muß blenden lassen, so wird er auch vielen Torheiten und Verdrießlichkeiten entgehen, in welche ein Sanguinischer gerät, der durch seine unmittelbare Empfindung bezaubert wird. Um deswillen scheint er gemeiniglich verständiger, als er wirklich ist. Sein Wohlwollen ist Höflichkeit, seine Achtung Zeremonie, seine Liebe ausgesonnene Schmeichelei. Er ist jederzeit voll von sich selbst, wenn er den Anstand eines Liebhabers oder eines Freundes annimmt, und ist niemals weder das eine noch das andere. Er sucht, durch Moden zu schimmern; aber weil alles an ihm künstlich und gemacht ist, so ist er darin steif und ungewandt. Er handelt weit mehr nach Grundsätzen als der Sanguinische, der bloß durch gelegentliche Eindrücke bewegt wird; aber diese sind nicht Grundsätze der Tugend, sondern der Ehre, und er hat kein Gefühl für die Schönheit oder den Wert der Handlungen, sondern für das Urteil der Welt, das sie davon fällen möchte. Weil sein Verfahren, insofern man nicht auf die Quelle sieht, daraus es entspringt, übrigens fast ebenso gemeinnützig als die Tugend selbst ist, so erwirbt er vor gemeinen Augen eben die Hochschätzung als der Tugendhafte, aber vor feineren Augen verbirgt er sich sorgfältig, weil er wohl weiß, daß die Entdeckung der geheimen Triebfeder der Ehrbegierde ihn um die Achtung bringen würde. Er ist daher der Verstellung sehr ergeben, in der Religion heuchlerisch, im Umgange ein Schmeichler, in Staatsparteien wetterwendisch nach den Umständen. Er ist gerne ein Sklave der Großen, um dadurch ein Tyrann über Geringere zu werden. Die Naivetät, diese edle oder schöne Einfalt, welche das Siegel der Natur und nicht der Kunst auf sich trägt, ist ihm gänzlich fremde. Daher wenn sein Geschmack ausartet, so wird sein Schimmer schreiend, d. i. auf eine widrige Art prahlend. Er gerät alsdann sowohl seinem Stil als dem Ausputze nach in den Gallimathias (das Übertriebene), eine Art Fratzen, die in Ansehung des Prächtigen dasjenige ist, was das Abenteuerliche oder Grillenhafte in Ansehung des Ernsthaft-Erhabenen. In Beleidigungen fällt er alsdann auf Zweikämpfe oder Prozesse und in dem bürgerlichen Verhältnisse auf Ahnen, Vortritt und Titel.

Solange er nur noch eitel ist, d. i. Ehre sucht und bemüht ist, in die Augen zu fallen, so kann er noch wohl geduldet werden, allein wenn bei gänzlichem Mangel wirklicher Vorzüge und Talente er aufgeblasen wird, so ist er das, wofür er am mindesten gerne möchte gehalten werden, nämlich ein Narr.

Da in der phlegmatischen Mischung keine Ingredienzien vom Erhabenen oder Schönen in sonderlich merklichem Grade hineinzukommen pflegen, so gehört diese Gemütseigenschaft nicht in den Zusammenhang unserer Erwägungen.

Von welcher Art auch diese feineren Empfindungen sein mögen, von denen wir bis daher gehandelt haben, es mögen erhabene oder schöne sein, so haben sie doch das Schicksal gemein, daß sie in dem Urteil desjenigen, der kein darauf gestimmtes Gefühl hat, jederzeit verkehrt und ungereimt scheinen. Ein Mensch von einer ruhigen und eigennützigen Emsigkeit hat sozureden gar nicht die Organen, um den edlen Zug in einem Gedichte oder in einer Heldentugend zu empfinden, er liest lieber einen Robinson als einen Grandison und hält den Cato für einen eigensinnigen Narren. Ebenso scheint Personen von etwas ernsthafter Gemütsart dasjenige läppisch, was andern reizend ist, und die gaukelnde Naivetät einer Schäferhandlung ist ihnen abgeschmackt und kindisch. Auch selbst wenn das Gemüt nicht gänzlich ohne ein einstimmiges feineres Gefühl ist, sind doch die Grade der Reizbarkeit desselben sehr verschieden, und man sieht, daß der eine etwas edel und anständig findet, was dem andern zwar groß, aber abenteuerlich vorkommt. Die Gelegenheiten, die sich darbieten, bei unmoralischen Dingen etwas von dem Gefühl des andern auszuspähen, können uns Anlaß geben, mit ziemlicher Wahrscheinlichkeit auch auf seine Empfindung in Ansehung der höheren Gemütseigenschaften und selbst derer des Herzens zu schließen. Wer bei einer schönen Musik Langeweile hat, gibt starke Vermutung, daß die Schönheiten der Schreibart und die feinen Bezauberungen der Liebe wenig Gewalt über ihn haben werden.

Es ist ein gewisser Geist der Kleinigkeiten (*esprit des bagatelles*), welcher eine Art von feinem Gefühl anzeigt, welches aber gerade auf das Gegenteil von dem Erhabenen abzielt. Ein Geschmack für etwas, weil es sehr künstlich und mühsam ist, Verse, die sich vor- und rückwärts lesen lassen, Rätsel, Uhren in Ringen, Flohketten usw. usw. Ein Geschmack für alles, was abgezirkelt und auf peinliche Weise ordentlich, obzwar ohne Nutzen ist, z. E. Bücher, die fein zierlich in langen Reihen im Bücherschranke stehen, und ein leerer Kopf, der sie ansieht und sich erfreuet; Zimmer, die wie optische Kasten geziert und überaus sauber gewaschen sind, zusamt einem ungastfreien und mürrischen Wirte, der sie bewohnt. Ein Geschmack an allem demjenigen, was selten ist, so wenig wie es auch sonst innern Wert haben mag. Epiktets Lampe, ein Handschuh von König Karl dem Zwölften; in gewisser Art schlägt die Münzensucht mit hierauf ein. Solche Personen stehen sehr im Verdacht, daß sie in den Wissenschaften Grübler und Grillenfänger, in den Sitten aber für alles das, was auf freie Art schön oder edel ist, ohne Gefühl sein werden.

Man tut einander zwar unrecht, wenn man denjenigen, der den Wert oder die Schönheit dessen, was uns rührt oder reizt, nicht einsieht, damit abfertigt, daß er es nicht verstehe. Es kommt hiebei nicht so sehr darauf an, was der Verstand einsehe, sondern was das Gefühl empfinde. Gleichwohl haben die Fähigkeiten der Seele einen so großen Zusammenhang, daß man mehrenteils von der Erscheinung der Empfindung auf die Talente der Einsicht schließen kann. Denn es würden demjenigen, der viele Verstandesvorzüge hat, diese Talente vergeblich erteilt sein, wenn er nicht zugleich starke Empfindung für das wahrhaftig Edle oder Schöne hätte, welche die Triebfeder sein muß, jene Gemütsgaben wohl und regelmäßig anzuwenden.[6]

Es ist einmal gebräuchlich, nur dasjenige nützlich zu nennen, was unserer gröberen Empfindung ein Gnüge leisten kann, was uns Überfluß im Essen und Trinken, Aufwand in Kleidung und in Hausgeräte, imgleichen Verschwendung in Gastereien verschaffen kann, ob ich gleich nicht sehe, warum nicht alles, was nur immer meinem lebhaftesten Gefühl erwünscht ist, ebensowohl den nützlichen Dingen sollte beigezählt werden. Allein alles gleichwohl auf diesen Fuß genommen, so ist derjenige, welchen der Eigennutz beherrscht, ein Mensch, mit welchem man über den feineren Geschmack niemals vernünfteln muß. Ein Huhn ist freilich in solchem Betracht besser als ein Papagei, ein Kochtopf nützlicher als ein Porzellängeschirr, alle witzigen Köpfe in der Welt gelten nicht den Wert eines Bauren, und die Bemühung, die Weite der Fixsterne zu entdecken, kann so lange ausgesetzt bleiben, bis man übereingekommen sein wird, wie der Pflug auf das vorteilhafteste könne geführt werden. Allein welche Torheit ist es, sich in einen solchen Streit einzulassen, wo es unmöglich ist, sich einander auf einstimmige Empfindungen zu führen, weil das Gefühl gar nicht einstimmig ist! Gleichwohl wird doch ein Mensch von der gröbsten und gemeinsten Empfindung wahrnehmen können: daß die Reize und Annehmlichkeiten des Lebens, welche die entbehrlichsten zu sein scheinen, unsere meiste Sorgfalt auf sich ziehen, und daß wir wenig Triebfedern zu so vielfältigen Bemühungen übrig haben würden, wenn wir jene ausschließen wollten. Imgleichen ist wohl niemand so grob, daß er nicht empfinde, daß eine sittliche Handlung wenigstens an einem andern um desto mehr rühre, je weiter sie vom Eigennutze ist und je mehr jene edleren Antriebe in ihr hervorstechen.

Wenn ich die edele und schwache Seite der Menschen wechselsweise bemerke, so verweise ich es mir selbst, daß ich nicht denjenigen Standpunkt zu nehmen vermag, von wo diese Abstechungen das große Gemälde der ganzen menschlichen Natur gleichwohl in einer rührenden Gestalt darstellen. Denn ich bescheide mich gerne: daß, sofern es zu dem Entwurfe der großen Natur gehört, diese grotesken Stellungen nicht anders als einen edelen Ausdruck geben können, ob man schon viel zu kurzsichtig ist, sie in diesem Verhältnisse zu übersehen. Um indessen doch einen schwachen Blick hierauf zu werfen: so glaube ich folgendes anmerken zu können. Derjenigen unter den Menschen, die nach Grundsätzen verfahren, sind nur sehr wenige, welches auch überaus gut ist, da es so leicht geschehen kann, daß man in diesen Grundsätzen irre und alsdann der Nachteil, der daraus erwächst, sich um desto weiter erstreckt, je allgemeiner der Grundsatz und je standhafter die Person ist, die ihn sich vorgesetzt hat. Derer, so aus gutherzigen Trieben handeln, sind weit mehrere, welches äußerst vortrefflich ist, ob es gleich einzeln nicht als ein sonderliches Verdienst der Person kann angerechnet werden; denn diese tugendhaften Instinkte fehlen wohl bisweilen, allein im Durchschnitte leisten sie ebensowohl die große Absicht der Natur, wie die übrigen Instinkte, die so regelmäßig die tierische Welt bewegen. Derer, die ihr allerliebstes Selbst als den einzigen Beziehungspunkt ihrer Bemühungen starr vor Augen haben und die um den Eigennutz als um die große Achse alles zu drehen suchen, gibt es die meisten, worüber auch nichts Vorteilhafteres sein kann, denn diese sind die emsigsten, ordentlichsten und behutsamsten; sie geben dem Ganzen Haltung und Festigkeit, indem sie auch ohne ihre Absicht gemeinnützig werden, die notwendigen Bedürfnisse herbeischaffen und die Grundlage liefern, über welche feinere Seelen Schönheit und Wohlgereimtheit verbreiten können. Endlich ist die Ehrliebe in aller Menschen Herzen, obzwar in ungleichem Maße, verbreitet worden, welches dem Ganzen eine bis zur Bewunderung reizende Schönheit geben muß. Denn wiewohl die Ehrbegierde ein törichter Wahn ist, sofern er zur Regel wird, der man die übrigen Neigungen unterordnet, so ist sie doch als ein begleitender Trieb äußerst vortrefflich. Denn indem ein jeder auf der großen Bühne seinen herrschenden Neigungen gemäß die Handlungen verfolgt, so wird er zugleich durch einen geheimen

Antrieb bewogen, in Gedanken außer sich selbst einen Standpunkt zu nehmen, um den Anstand zu beurteilen, den sein Betragen hat, wie es aussehe und dem Zuschauer in die Augen falle. Dadurch vereinbaren sich die verschiedenen Gruppen in ein Gemälde von prächtigem Ausdruck, wo mitten unter großer Mannigfaltigkeit Einheit hervorleuchtet und das Ganze der moralischen Natur Schönheit und Würde an sich zeigt.

---

1. Die Empfindungen des Erhabenen spannen die Kräfte der Seele stärker an und ermüden daher eher. Man wird ein Schäfergedicht länger in einer Folge lesen können als Miltons Verlorenes Paradies und den de la Bruyere länger wie den Young. Es scheint mir sogar ein Fehler des letzteren als eines moralischen Dichters zu sein, daß er gar zu einförmig im erhabenen Tone anhält; denn die Stärke des Eindrucks kann nur durch Abstechungen mit sanfteren Stellen erneuert werden. Bei dem Schönen ermüdet nichts mehr als mühsame Kunst, die sich dabei verrät. Die Bemühung zu reizen wird peinlich und mit Beschwerlichkeit empfunden.

2. Insofern die Erhabenheit oder Schönheit das bekannte Mittelmaß überschreitet, so pflegt man sie romantisch zu nennen.

3. Man bemerkt bald, daß diese ehrwürdige Gesellschaft sich in zwei Logen teile, in die der Grillenfänger und die der Gecken. Ein gelehrter Grillenfänger wird bescheidentlich ein Pedant genannt. Wenn er die trotzige Weisheitsmiene annimmt, wie die Dunse alter und neuer Zeiten, so steht ihm die Kappe mit Schellen gut zum Gesichte. Die Klasse der Gecken wird mehr in der großen Welt angetroffen. Sie ist vielleicht noch besser als die erstere. Man hat an ihnen

viel zu verdienen und viel zu lachen. In dieser Karikatur macht gleichwohl einer dem andern ein schief Maul und stößt mit seinem leeren Kopf an den Kopf seines Bruders.

4. Bei näherer Erwägung findet man, daß, so liebenswürdig auch die mitleidige Eigenschaft sein mag, sie doch die Würde der Tugend nicht an sich habe. Ein leidendes Kind, ein unglückliches und artiges Frauenzimmer wird unser Herz mit dieser Wehmut anfüllen, indem wir zu gleicher Zeit die Nachricht von einer großen Schlacht mit Kaltsinn vernehmen, in welcher, wie leicht zu erachten, ein ansehnlicher Teil des menschlichen Geschlechts unter grausamen Übeln unverschuldet erliegen muß. Mancher Prinz, der sein Gesicht vor Wehmut für eine einzige unglückliche Person wegwandte, gab gleichwohl aus einem öfters eitlen Bewegungsgrunde zu gleicher Zeit den Befehl zum Kriege. Es ist hier gar keine Proportion in der Wirkung, wie kann man denn sagen, daß die allgemeine Menschenliebe die Ursache sei?

5. Er hält sich auch sogar nur insofern für glücklich, als er vermutet, daß er dafür von andern gehalten wird.

6. Man sieht auch, daß eine gewisse Feinigkeit des Gefühls einem Menschen zum Verdienste angerechnet wird. Daß jemand in Fleisch oder Kuchen eine gute Mahlzeit tun kann, imgleichen daß er unvergleichlich wohl schläft, das wird man ihm wohl als ein Zeichen eines guten Magens, aber nicht als ein Verdienst auslegen. Dagegen wer einen Teil seiner Mahlzeit dem Anhören einer Musik aufopfert oder bei einer Schilderei sich in eine angenehme Zerstreuung vertiefen kann, oder einige witzige Sachen, wenn es auch nur poetische Kleinigkeiten wären, gerne liest, hat doch fast in jedermanns Augen den Anstand eines feineren Menschen, von dem man eine vorteilhaftere und für ihn rühmlichere Meinung hat.

DRITTER ABSCHNITT

VON DEM UNTERSCHIEDE DES ERHABENEN UND SCHÖNEN IN DEM GEGENVERHÄLTNIS BEIDER GESCHLECHTER

Derjenige, so zuerst das Frauenzimmer unter dem Namen des schönen Geschlechts begriffen hat, kann vielleicht etwas Schmeichelhaftes haben sagen wollen, aber er hat es besser getroffen, als er wohl selbst geglaubt haben mag. Denn ohne in Erwägung zu ziehen, daß ihre Gestalt überhaupt feiner, ihre Züge zarter und sanfter, ihre Miene im Ausdrucke der Freundlichkeit, des Scherzes und der Leutseligkeit bedeutender und einnehmender ist als bei dem männlichen Geschlecht, ohne auch dasjenige zu vergessen, was man für die geheime Zauberkraft abrechnen muß, wodurch sie unsere Leidenschaft zum vorteilhaften Urteile für sie geneigt machen, so liegen vornehmlich in dem Gemütscharakter dieses Geschlechts eigentümliche Züge, die es von dem unseren deutlich unterscheiden und die darauf hauptsächlich hinauslaufen, sie durch das Merkmal des Schönen kenntlich zu machen. Andererseits könnten wir auf die Benennung des edlen Geschlechts Anspruch machen, wenn es nicht auch von einer edlen Gemütsart erfordert würde, Ehrennamen abzulehnen und sie lieber zu erteilen als zu empfangen. Hiedurch wird nun nicht verstanden: daß das Frauenzimmer edeler Eigenschaften ermangelte oder das männliche Geschlecht der Schönheiten gänzlich entbehren müßte, vielmehr erwartet man, daß ein jedes Geschlecht beide vereinbare, doch so, daß von einem Frauenzimmer alle anderen Vorzüge sich nur dazu vereinigen sollen, um den Charakter des Schönen zu erhöhen, welcher der eigentliche Beziehungspunkt ist, und dagegen unter den männlichen Eigenschaften das Erhabene als das Kennzeichen seiner Art deutlich hervorsteche. Hierauf müssen alle Urteile von diesen zwei Gattungen, sowohl die rühmliche als die des Tadels, sich beziehen, alle Erziehung und Unterweisung muß dieses vor Augen haben und alle Bemühung, die sittliche Vollkommenheit des einen oder des andern zu befördern, wo man nicht den reizenden Unterschied unkenntlich machen will, den die Natur zwischen zwei Menschengattungen hat treffen wollen. Denn es ist hier nicht genug, sich vorzustellen, daß man Menschen vor sich habe, man muß zugleich nicht aus der Acht lassen, daß diese Menschen nicht von einerlei Art sind.

Das Frauenzimmer hat ein angebornes stärkeres Gefühl für alles, was schön, zierlich und geschmückt ist. Schon in der Kindheit sind sie gerne geputzt und gefallen sich, wenn sie geziert sind. Sie sind reinlich und sehr zärtlich in Ansehung alles dessen, was Ekel verursacht. Sie lieben den Scherz und können durch Kleinigkeiten, wenn sie nur munter und lachend sind, unterhalten werden. Sie haben sehr früh ein sittsames Wesen an sich, wissen sich einen feinen Anstand zu geben und besitzen sich selbst; und dieses in einem Alter, wenn unsere wohlerzogene männliche Jugend noch unbändig, tölpisch und verlegen ist. Sie haben viel teilnehmende Empfindungen, Gutherzigkeit und Mitleiden, ziehen das Schöne dem Nützlichen vor und werden den Überfluß des Unterhalts gerne in Sparsamkeit verwandeln, um den Aufwand auf das Schimmernde und den Putz zu unterstützen. Sie sind von sehr zärtlicher Empfindung in Ansehung der mindesten Beleidigung, und überaus fein, den geringsten Mangel der Aufmerksamkeit und Achtung gegen sie zu bemerken. Kurz, sie enthalten in der menschlichen Natur den Hauptgrund der Abstechung der schönen Eigenschaften mit den edelen, und verfeinern selbst das männliche Geschlecht.

Man wird mir hoffentlich die Herzählung der

männlichen Eigenschaften, insofern sie jenen parallel sind, schenken und sich befriedigen, beide nur in der Gegeneinanderhaltung zu betrachten. Das schöne Geschlecht hat ebensowohl Verstand als das männliche, nur es ist ein schöner Verstand, der unsrige soll ein tiefer Verstand sein, welches ein Ausdruck ist, der einerlei mit dem Erhabenen bedeutet.

Zur Schönheit aller Handlungen gehört vornehmlich, daß sie Leichtigkeit an sich zeigen und ohne peinliche Bemühung scheinen vollzogen zu werden; dagegen Bestrebungen und überwundene Schwierigkeiten Bewunderung erregen und zum Erhabenen gehören. Tiefes Nachsinnen und eine lange fortgesetzte Betrachtung sind edel, aber schwer, und schicken sich nicht wohl für eine Person, bei der die ungezwungenen Reize nichts anders als eine schöne Natur zeigen sollen. Mühsames Lernen oder peinliches Grübeln, wenn es gleich ein Frauenzimmer darin hoch bringen sollte, vertilgen die Vorzüge, die ihrem Geschlechte eigentümlich sind, und können dieselbe wohl um der Seltenheit willen zum Gegenstande einer kalten Bewunderung machen, aber sie werden zugleich die Reize schwächen, wodurch sie ihre große Gewalt über das andere Geschlecht ausüben. Ein Frauenzimmer, das den Kopf voll Griechisch hat, wie die Frau Dacier, oder über die Mechanik gründliche Streitigkeiten führt, wie die Marquisin von Chastelet, mag nur immerhin noch einen Bart dazu haben; denn dieser würde vielleicht die Miene des Tiefsinns noch kenntlicher ausdrücken, um welchen sie sich bewerben. Der schöne Verstand wählt zu seinen Gegenständen alles, was mit dem feineren Gefühl nahe verwandt ist, und überläßt abstrakte Spekulationen oder Kenntnisse, die nützlich, aber trocken sind, dem emsigen, gründlichen und tiefen Verstande. Das Frauenzimmer wird demnach keine Geometrie lernen; es wird vom Satze des zureichenden Grundes oder den Monaden nur so viel wissen, als da nötig ist, um das Salz in den Spottgedichten zu vernehmen, welche die seichten Grübler unseres Geschlechts durchzogen haben. Die Schönen können den Cartesius seine Wirbel immer drehen lassen, ohne sich darum zu bekümmern, wenn auch der artige Fontenelle ihnen unter den Wandelsternen Gesellschaft leisten wollte, und die Anziehung ihrer Reize verliert nichts von ihrer Gewalt, wenn sie gleich nichts von allem dem wissen, was Algarotti zu ihrem Besten von den Anziehungskräften der groben Materien nach dem Newton aufzuzeichnen bemüht gewesen. Sie werden in der Geschichte sich nicht den Kopf mit Schlachten und in der Erdbeschreibung nicht mit Festungen anfüllen; denn es schickt sich für sie ebensowenig, daß sie nach Schießpulver, als für die Mannspersonen, daß sie nach Bisam riechen sollen.

Es scheint eine boshafte List der Mannspersonen zu sein, daß sie das schöne Geschlecht zu diesem verkehrten Geschmacke haben verleiten wollen. Denn wohl bewußt ihrer Schwäche in Ansehung der natürlichen Reize desselben, und daß ein einziger schalkhafter Blick sie mehr in Verwirrung setze als die schwerste Schulfrage, sehen sie sich, sobald das Frauenzimmer in diesen Geschmack einschlägt, in einer entschiedenen Überlegenheit und sind in dem Vorteile, den sie sonst schwerlich haben würden, mit einer großmütigen Nachsicht den Schwächen ihrer Eitelkeit aufzuhelfen. Der Inhalt der großen Wissenschaft des Frauenzimmers ist vielmehr der Mensch und unter den Menschen der Mann. Ihre Weltweisheit ist nicht Vernünfteln, sondern Empfinden. Bei der Gelegenheit, die man ihnen geben will, ihre schöne Natur auszubilden, muß man dieses Verhältnis jederzeit vor Augen haben. Man wird ihr gesamtes moralisches Gefühl und nicht ihr Gedächtnis zu erweitern suchen, und zwar nicht durch allgemeine Regeln, sondern durch einiges Urteil über das Betragen, welches sie um sich sehen. Die Beispiele, die man aus andern Zeiten entlehnt, um den Einfluß einzusehen, den das schöne Geschlecht in die Weltgeschäfte gehabt hat, die mancherlei Verhältnisse, darin es in andern Zeitaltern oder in fremden Landen gegen das männliche gestanden, der Charakter beider, sofern er sich hiedurch erläutern läßt, und der veränderliche Geschmack der Vergnügungen machen ihre ganze Geschichte und Geographie aus. Es ist schön, daß einem Frauenzimmer der Anblick einer Karte, die entweder den ganzen Erdkreis oder die vornehmsten Teile der Welt vorstellt, angenehm gemacht werde. Dieses geschieht dadurch, daß man sie nur in der Absicht vorlegt, um die unterschiedlichen Charaktere der Völker, die sie bewohnen, die Verschiedenheiten ihres Geschmacks und sittlichen Gefühls, vornehmlich in Ansehung der Wirkung, die diese auf die Geschlechterverhältnisse haben, dabei zu schildern, mit einigen leichten Erläuterungen aus der Verschiedenheit der Himmelsstriche, ihrer Freiheit oder Sklaverei. Es ist wenig daran gelegen, ob sie die besonderen Abteilungen dieser Länder, ihr Gewerbe, Macht und Beherrscher wissen oder nicht. Ebenso werden sie von dem Weltgebäude nichts mehr zu kennen nötig haben, als nötig ist, den Anblick des Himmels an einem schönen Abende ihnen rührend zu machen, wenn sie einigermaßen begriffen haben, daß noch mehr Welten und daselbst noch mehr schöne Geschöpfe anzutreffen sind. Gefühl für Schildereien von Ausdruck und für die Tonkunst, nicht insofern sie Kunst, sondern Empfindung äußert, alles dieses verfeinert oder erhebt den Geschmack dieses Geschlechts und hat jederzeit einige Verknüpfung mit sittlichen Regungen. Niemals ein kalter und spekulativer Unterricht, jederzeit Empfindungen, und zwar die so nahe wie möglich bei ihrem Geschlechtverhältnisse bleiben. Diese Unterweisung ist darum so selten, weil sie Talente, Erfahrenheit und ein Herz voll Gefühl erfordert, und jeder andern kann das Frauenzimmer sehr wohl entbehren, wie es denn auch ohne diese sich von selbst gemeiniglich sehr wohl ausbildet.

Die Tugend des Frauenzimmers ist eine schöne Tugend.[1] Die des männlichen Geschlechts soll eine edele Tugend sein. Sie werden das Böse vermeiden, nicht weil es unrecht, sondern weil es häßlich ist, und tugendhafte Handlungen bedeuten bei ihnen solche, die sittlich schön sind. Nichts von Sollen, nichts von Müssen, nichts von Schuldigkeit. Das Frauenzimmer ist aller Befehle und alles mürrischen Zwanges unleidlich. Sie tun etwas nur darum, weil es ihnen so beliebt, und die Kunst besteht darin, zu machen, daß ihnen nur dasjenige beliebe, was gut ist. Ich glaube schwerlich, daß das schöne Geschlecht der Grundsätze fähig sei, und ich hoffe dadurch nicht zu beleidigen, denn diese sind auch äußerst selten beim männlichen. Dafür aber hat die Vorsehung in ihren Busen gütige und wohlwollende Empfindungen, ein feines Gefühl für Anständigkeit und eine gefällige Seele gegeben. Man fordere ja nicht Aufopferungen und großmütigen Selbstzwang. Ein Mann muß es seiner Frauen niemals sagen, wenn er einen Teil seines Vermögens um einen Freund in Gefahr setzt. Warum will er ihre muntere Gesprächigkeit fesseln, dadurch, daß er ihr Gemüt mit einem wichtigen Geheimnisse belästigt, dessen Aufbewahrung ihm allein obliegt? Selbst viele von ihren Schwachheiten sind sozureden schöne Fehler. Beleidigung oder Unglück bewegen ihre zarte Seele zur Wehmut. Der Mann muß niemals andre als großmütige Tränen weinen. Die, so er in Schmerzen oder über Glücksumstände vergießt, machen ihn verächtlich. Die Eitelkeit, die man dem schönen Geschlechte so vielfältig vorrückt, wofern sie ja an demselben ein Fehler ist, so ist sie nur ein schöner Fehler. Denn zu geschweigen, daß die Mannspersonen, die dem Frauenzimmer so gerne schmeicheln, übel daran sein würden, wenn dieses nicht geneigt wäre, es wohl aufzunehmen, so beleben sie dadurch wirklich ihre Reize. Diese Neigung ist ein Antrieb, Annehmlichkeiten und den guten Anstand zu zeigen, ihren munteren Witz spielen zu lassen, imgleichen durch die veränderlichen Erfindungen des Putzes zu schimmern und ihre Schönheit zu erhöhen. Hierin ist nun so gar nichts Beleidigendes für andere, sondern vielmehr, wenn es mit gutem Geschmacke gemacht wird, so viel Artiges, daß es sehr ungezogen ist, dagegen mit mürrischem Tadel loszuziehen. Ein Frauenzimmer, das hierin gar zu flatterhaft und gaukelnd ist, heißt eine Närrin; welcher Ausdruck gleichwohl keine so harte Bedeutung hat als mit veränderter Endsilbe beim Manne, sogar daß, wenn man sich untereinander versteht, es wohl bisweilen eine vertrauliche Schmeichelei anzeigen kann. Wenn die Eitelkeit ein Fehler ist, der an einem Frauenzimmer sehr wohl Entschuldigung verdient, so ist das aufgeblasene Wesen an ihnen nicht allein, so wie an Menschen überhaupt, tadelhaft, sondern verunstaltet gänzlich ihren Geschlechtscharakter. Denn diese Eigenschaft ist überaus dumm und häßlich und dem einnehmenden bescheidenen Reize gänzlich entgegengesetzt. Alsdann ist eine solche Person in einer schlüpfrigen Stellung. Sie wird sich gefallen lassen müssen, ohne alle Nachsicht und scharf beurteilt zu werden; denn wer auf Hochachtung pocht, fordert alles um sich zum Tadel auf. Eine jede Entdeckung, auch des mindesten Fehlers, macht jedermann eine wahre Freude, und das Wort Närrin verliert hier seine gemilderte Bedeutung. Man muß Eitelkeit und Aufgeblasenheit jederzeit unterscheiden. Die erstere sucht Beifall und ehrt gewissermaßen diejenige, um deren willen sie sich diese Bemühung gibt, die zweite glaubt sich schon in dem völligen

Besitze desselben, und indem sie keinen zu erwerben bestrebt, so gewinnt sie auch keinen.

Wenn einige Ingredienzien von Eitelkeit ein Frauenzimmer in den Augen des männlichen Geschlechts gar nicht verunzieren, so dienen sie doch, je sichtbarer sie sind, um desto mehr, das schöne Geschlecht untereinander zu veruneinigen. Sie beurteilen einander alsdann sehr scharf, weil eine der anderen Reize zu verdunkeln scheint, und es sind auch wirklich diejenigen, die noch starke Anmaßungen auf Eroberung machen, selten Freundinnen voneinander im wahren Verstande.

Dem Schönen ist nichts so sehr entgegengesetzt als der Ekel, so wie nichts tiefer unter das Erhabene sinkt als das Lächerliche. Daher kann einem Manne kein Schimpf empfindlicher sein, als daß er ein Narr, und einem Frauenzimmer, daß sie ekelhaft genannt werde. Der englische Zuschauer hält dafür: daß einem Manne kein Vorwurf könne gemacht werden, der kränkender sei, als wenn er für einen Lügner, und einem Frauenzimmer kein bitterer, als wenn sie für unkeusch gehalten wird. Ich will dieses, insofern es nach der Strenge der Moral beurteilt wird, in seinem Werte lassen. Allein hier ist die Frage nicht, was an sich selbst den größten Tadel verdiene, sondern was wirklich am allerhärtesten empfunden werde. Und da frage ich einen jeden Leser, ob, wenn er sich in Gedanken auf diesen Fall setzt, er nicht meiner Meinung beistimmen müsse. Die Jungfer Ninon Lenclos machte nicht die mindesten Ansprüche auf die Ehre der Keuschheit, und gleichwohl würde sie unerbittlich beleidigt worden sein, wenn einer ihrer Liebhaber sich in seinem Urteile so weit sollte vergangen haben; und man weiß das grausame Schicksal des Monaldeschi um eines beleidigenden Ausdrucks willen von solcher Art bei einer Fürstin, die eben keine Lukretia hat vorstellen wollen. Es ist unausstehlich, daß man nicht einmal sollte Böses tun können, wenn man gleich wollte, weil auch die Unterlassung desselben alsdann jederzeit nur eine sehr zweideutige Tugend ist.

Um von diesem Ekelhaften sich so weit als möglich zu entfernen, gehört die Reinlichkeit, die zwar einem jeden Menschen wohl ansteht, bei dem schönen Geschlechte unter die Tugenden vom ersten Range und kann schwerlich von demselben zu hoch getrieben werden, da sie gleichwohl an einem Manne bisweilen zum Übermaße steigt und alsdann läppisch wird.

Die Schamhaftigkeit ist ein Geheimnis der Natur, sowohl einer Neigung Schranken zu setzen, die sehr unbändig ist und, indem sie den Ruf der Natur für sich hat, sich immer mit guten, sittlichen Eigenschaften zu vertragen scheint, wenn sie gleich ausschweift. Sie ist demnach als ein Supplement der Grundsätze höchst nötig; denn es gibt keinen Fall, da die Neigung so leicht zum Sophisten wird, gefällige Grundsätze zu erklügeln, als hier. Sie dient aber auch zugleich, um einen geheimnisvollen Vorhang selbst vor die geziemendsten und nötigsten Zwecke der Natur zu ziehen, damit die gar zu gemeine Bekanntschaft mit denselben nicht Ekel oder zum mindesten Gleichgültigkeit veranlasse in Ansehung der Endabsichten eines Triebes, worauf die feinsten und lebhaftesten Neigungen der menschlichen Natur gepfropft sind. Diese Eigenschaft ist dem schönen Geschlecht vorzüglich eigen und ihm sehr anständig. Es ist auch eine plumpe und verächtliche Ungezogenheit, durch die Art pöbelhafter Scherze, welche man Zoten nennt, die zärtliche Sittsamkeit desselben in Verlegenheit oder Unwillen zu setzen. Weil indessen, man mag nun um das Geheimnis so weit herumgehen, als man immer will, die Geschlechterneigung doch allen den übrigen Reizen endlich zum Grunde liegt, und ein Frauenzimmer immer als ein Frauenzimmer der angenehme Gegenstand einer wohlgesitteten Unterhaltung ist, so möchte daraus vielleicht zu erklären sein, warum sonst artige Mannspersonen sich bisweilen die Freiheit nehmen, durch den kleinen Mutwillen ihrer Scherze einige feine Anspielungen durchscheinen zu lassen, welche machen, daß man sie lose oder schalkhaft nennt, und wo, indem sie weder durch ausspähende Blicke beleidigen, noch die Achtung zu verletzen gedenken, sie glauben berechtigt zu sein, die Person, die es mit unwilliger oder spröder Miene aufnimmt, eine Ehrbarkeitspedantin zu nennen. Ich führe dieses nur an, weil es gemeiniglich als ein etwas kühner Zug vom schönen Umgange angesehen wird, auch in der Tat von jeher viel Witz darauf ist verschwendet worden; was aber das Urteil nach moralischer Strenge anlangt, so gehört das nicht hieher, da ich in der Empfindung des Schönen nur die Erscheinungen zu beobachten und zu erläutern habe.

Die edlen Eigenschaften dieses Geschlechts, welche jedoch, wie wir schon angemerkt haben, niemals das Gefühl des Schönen unkenntlich machen müssen, kündigen sich durch nichts deutlicher und sicherer an als durch die Bescheidenheit einer Art von edler Einfalt und Naivetät bei großen Vorzügen. Aus derselben leuchtet eine ruhige Wohlgewogenheit und Achtung gegen andere hervor, zugleich mit einem gewissen edlen Zutrauen auf sich selbst und einer billigen Selbstschätzung verbunden, welche bei einer erhabenen Gemütsart jederzeit anzutreffen ist. Indem diese feine Mischung zugleich durch Reize einnimmt und durch Achtung rührt, so stellt sie alle übrigen schimmernden Eigenschaften wider den Mutwillen des Tadels und der Spottsucht in Sicherheit.

Personen von dieser Gemütsart haben auch ein Herz zur Freundschaft, welches an einem Frauenzimmer niemals kann hoch genug geschätzt werden, weil es so gar selten ist und zugleich so überaus reizend sein muß.

Da unsere Absicht ist, über Empfindungen zu urteilen, so kann es nicht unangenehm sein, die Verschiedenheit des Eindrucks, den die Gestalt und Gesichtszüge des schönen Geschlechts auf das männliche machen, womöglich unter Begriffe zu bringen. Diese ganze Bezauberung ist im Grunde über den Geschlechtertrieb verbreitet. Die Natur verfolgt ihre große Absicht; und alle Feinigkeiten, die sich hinzugesellen, sie mögen nun so weit davon abzustehen scheinen, wie sie wollen, sind nur Verbrämungen und entlehnen ihren Reiz doch am Ende aus derselben Quelle. Ein gesunder und derber Geschmack, der sich jederzeit sehr nahe bei diesem Triebe hält, wird durch die Reize des Anstandes, der Gesichtszüge, der Augen usw. usw. an einem Frauenzimmer wenig angefochten, und indem er eigentlich nur aufs Geschlecht geht, so sieht er mehrenteils die Delikatesse anderer als leere Tändelei an.

Wenn dieser Geschmack gleich nicht fein ist, so ist er deswegen doch nicht zu verachten. Denn der größte Teil der Menschen befolgt vermittelst desselben die große Ordnung der Natur auf eine sehr einfältige und sichere Art.[2] Dadurch werden die meisten Ehen bewirkt, und zwar von dem emsigsten Teile des menschlichen Geschlechts; und indem der Mann den Kopf nicht von bezaubernden Mienen, schmachtenden Augen, edlem Anstande usw. usw. voll hat, auch nichts von allem diesem versteht, so wird er desto aufmerksamer auf haushälterische Tugenden, Sparsamkeit usw. usw. und auf das Eingebrachte. Was den etwas feineren Geschmack anlangt, um dessentwillen es nötig sein möchte, einen Unterschied unter den äußerlichen Reizen des Frauenzimmers zu machen, so ist derselbe entweder auf das, was in der Gestalt und dem Ausdrucke des Gesichts moralisch ist, oder auf das Unmoralische geheftet. Ein Frauenzimmer wird in Ansehung der Annehmlichkeiten von der letzteren Art hübsch genannt. Ein proportionierlicher Bau, regelmäßige Züge, Farben von Auge und Gesicht, die zierlich abstechen, lauter Schönheiten, die auch an einem Blumenstrauße gefallen und einen kalten Beifall erwerben. Das Gesicht selber sagt nichts, ob es gleich hübsch ist, und redet nicht zum Herzen. Was den Ausdruck der Züge, der Augen und der Mienen anlangt, der moralisch ist, so geht er entweder auf das Gefühl des Erhabenen oder des Schönen. Ein Frauenzimmer, an welchem die Annehmlichkeiten, die ihrem Geschlecht geziemen, vornehmlich den moralischen Ausdruck des Erhabenen hervorstechen lassen, heißt schön im eigentlichen Verstande, diejenige, deren moralische Zeichnung, sofern sie in den Mienen oder Gesichtszügen sich kennbar macht, die Eigenschaften des Schönen ankündigt, ist annehmlich und, wenn sie es in einem höheren Grade ist, reizend. Die erstere läßt unter einer Miene von Gelassenheit und einem edlen Anstande den Schimmer eines schönen Verstandes aus bescheidenen Blicken hervorspielen, und indem sich in ihrem Gesicht ein zärtlich Gefühl und wohlwollend Herz abmalt, so bemächtigt sie sich sowohl der Neigung als der Hochachtung eines männlichen Herzens. Die zweite zeigt Munterkeit und Witz in lachenden Augen, etwas feinen Mutwillen, das Schäkerhafte der Scherze und schalkhafte Sprödigkeit. Sie reizt, wenn die erstere rührt, und das Gefühl der Liebe, dessen sie fähig ist und welche sie anderen einflößt, ist flatterhaft, aber schön, dagegen die Empfindung der ersteren zärtlich, mit Achtung verbunden und beständig ist. Ich mag mich nicht in gar zu ausführliche Zergliederungen von dieser Art einlassen; denn in solchen Fällen scheint der Verfasser jederzeit seine eigene Neigung zu malen. Indessen berühre ich noch: daß der Geschmack, den viele Damen an einer gesunden, aber blassen Farbe finden, sich hier verstehen lasse. Denn diese begleitet gemeiniglich eine Gemütsart von mehr innerem Gefühl und zärtlicher Empfindung, welches zur Eigenschaft des Erhabenen gehört, dagegen die rote und blühende Farbe weniger von der ersteren, allein mehr von der fröhlichen und muntern Gemütsart ankündigt; es ist aber der Eitelkeit gemäßer, zu rühren und zu fesseln, als zu reizen und anzulocken. Es können dagegen Personen ohne alles moralische Gefühl und ohne einigen Ausdruck, der auf Empfindungen deutete, sehr hübsch sein, allein sie werden weder rühren noch reizen, es sei denn denjenigen derben Geschmack, von dem wir Erwähnung getan haben, welcher sich bisweilen etwas verfeinert und dann nach seiner Art auch wählt. Es ist schlimm, daß dergleichen schöne Geschöpfe leichtlich in den Fehler der Aufgeblasenheit verfallen durch das Bewußtsein der schönen Figur, die ihnen ihr Spiegel zeigt, und aus einem Mangel feinerer Empfindungen; da sie dann alles gegen sich kaltsinnig machen, den Schmeichler ausgenommen, der auf Absichten ausgeht und Ränke schmiedet.

Man kann nach diesen Begriffen vielleicht etwas von der so verschiedenen Wirkung verstehen, die die Gestalt ebendesselben Frauenzimmers auf den Geschmack der Männer tut. Dasjenige, was in diesem Eindrucke sich zu nahe auf den Geschlechtertrieb bezieht und mit dem besondern wollüstigen Wahne, darin sich eines jeden Empfindung einkleidet, einstimmig sein mag, berühre ich nicht, weil es außer dem Bezirke des feinern Geschmackes ist; und es kann vielleicht richtig sein, was der Herr v. Buffon vermutet, daß diejenige Gestalt, die den ersten Eindruck macht, zu der Zeit, wenn dieser Trieb noch neu ist und sich zu entwickeln anfängt, das Urbild bleibe, worauf in der künftigen Zeit alle weiblichen Bildungen mehr oder weniger einschlagen müssen, welche die phantastische Sehnsucht rege machen können, dadurch eine ziemlich grobe Neigung unter den verschiedenen Gegenständen eines Geschlechts zu wählen genötigt wird. Was den etwas feineren Geschmack anlangt, so behaupte ich, daß diejenige Art von Schönheit, welche wir die hübsche Gestalt genannt haben, von allen Männern ziemlich gleichförmig beurteilt werde und daß darüber die Meinungen nicht so verschieden seien, wie man wohl gemeiniglich dafür hält. Die zirkassischen und georgischen Mädchen sind von allen Europäern, die durch ihre Länder reisen, jederzeit für überaus hübsch gehalten worden. Die Türken, die Araber, die Perser müssen wohl mit diesem Geschmacke sehr einstimmig sein, weil sie sehr begierig sind, ihre Völkerschaft durch so feines Blut zu verschönern, und man merkt auch an, daß der persischen Rasse dieses wirklich gelungen ist. Die Kaufleute von Indostan ermangeln gleichfalls nicht, von einem boshaften Handel mit so schönen Geschöpfen großen Vorteil zu ziehen, indem sie solche den leckerhaften Reichen ihres

Landes zuführen, und man sieht, daß, so sehr auch der Eigensinn des Geschmacks in diesen verschiedenen Weltgegenden abweichend sein mag, dennoch dasjenige, was einmal in einer derselben als vorzüglich hübsch erkannt wird, in allen übrigen auch dafür gehalten werde. Wo aber sich in das Urteil über die feine Gestalt dasjenige einmengt, was in den Zügen moralisch ist, so ist der Geschmack bei verschiedenen Mannspersonen jederzeit sehr verschieden, sowohl nachdem ihr sittliches Gefühl selbst unterschieden ist, als auch nach der verschiedenen Bedeutung, die der Ausdruck des Gesichts in eines jeden Wahne haben mag. Man findet, daß diejenigen Bildungen, die beim ersten Anblicke nicht sonderliche Wirkung tun, weil sie nicht auf eine entschiedene Art hübsch sind, gemeiniglich, sobald sie bei näherer Bekanntschaft zu gefallen anfangen, auch weit mehr einnehmen und sich beständig zu verschönern scheinen; dagegen das hübsche Ansehen, was sich auf einmal ankündigt, in der Folge mit größerem Kaltsinn wahrgenommen wird, welches vermutlich daher kommt, daß moralische Reize, wo sie sichtbar werden, mehr fesseln, imgleichen weil sie sich nur bei Gelegenheit sittlicher Empfindungen in Wirksamkeit setzen und sich gleichsam entdecken lassen, jede Entdeckung eines neuen Reizes aber immer noch mehr derselben vermuten läßt; anstatt daß alle Annehmlichkeiten, die sich gar nicht verhehlen, nachdem sie gleich anfangs ihre ganze Wirkung ausgeübt haben, in der Folge nichts weiter tun können, als den verliebten Vorwitz abzukühlen und ihn allmählich zur Gleichgültigkeit zu bringen.

Unter diesen Beobachtungen bietet sich ganz natürlich folgende Anmerkung dar. Das ganz einfältige und grobe Gefühl in den Geschlechterneigungen führt zwar sehr grade zum großen Zwecke der Natur, und indem es ihre Forderungen erfüllt, ist es geschickt, die Person selbst ohne Umschweife glücklich zu machen, allein um der großen Allgemeinheit willen artet es leichtlich in Ausschweifung und Lüderlichkeit aus. An der anderen Seite dient ein sehr verfeinigter Geschmack zwar dazu, einer ungestümen Neigung die Wildheit zu benehmen und, indem er solche nur auf sehr wenig Gegenstände einschränkt, sie sittsam und anständig zu machen, allein sie verfehlt gemeiniglich die große Endabsicht der Natur, und da sie mehr fordert oder erwartet, als diese gemeiniglich leistet, so pflegt sie die Person von so delikater Empfindung sehr selten glücklich zu machen. Die erstere Gemütsart wird ungeschlacht, weil sie auf alle von einem Geschlechte geht, die zweite grüblerisch, indem sie eigentlich auf keinen geht, sondern nur mit einem Gegenstande beschäftigt ist, den die verliebte Neigung sich in Gedanken schafft und mit allen edlen und schönen Eigenschaften ausziert, welche die Natur selten in einem Menschen vereinigt und noch seltner demjenigen zuführt, der sie schätzen kann und der vielleicht eines solchen Besitzes würdig sein würde. Daher entspringt der Aufschub und endlich die völlige Entsagung auf die eheliche Verbindung, oder, welches vielleicht ebenso schlimm ist, eine grämische Reue nach einer getroffenen Wahl, welche die großen Erwartungen nicht erfüllt, die man sich gemacht hatte; denn nicht selten findet der äsopische Hahn eine Perle, welchem ein gemeines Gerstenkorn besser würde geziemt haben.

Wir können hiebei überhaupt bemerken, daß, so reizend auch die Eindrücke des zärtlichen Gefühls sein mögen, man doch Ursache habe in der Verfeinigung desselben behutsam zu sein, wofern wir uns nicht durch übergroße Reizbarkeit nur viel Unmut und eine Quelle von Übel erklügeln wollen. Ich möchte edleren Seelen wohl vorschlagen, das Gefühl in Ansehung der Eigenschaften, die ihnen selbst zukommen, oder der Handlungen, die sie selber tun, so sehr zu verfeineren, als sie können, dagegen in Ansehung dessen, was sie genießen oder von andern erwarten, den Geschmack in seiner Einfalt zu erhalten: wenn ich nur einsähe, wie dieses zu leisten möglich sei. In dem Falle aber, daß es anginge, würden sie andere glücklich machen und auch selbst glücklich sein.

Es ist niemals aus den Augen zu lassen: daß, in welcher Art es auch sei, man keine sehr hohen Ansprüche auf die Glückseligkeiten des Lebens und die Vollkommenheit der Menschen machen müsse; denn derjenige, welcher jederzeit nur etwas Mittelmäßiges erwartet, hat den Vorteil, daß der Erfolg selten seine Hoffnung widerlegt, dagegen bisweilen ihn auch wohl unvermutete Vollkommenheiten überraschen.

Allen diesen Reizen droht endlich das Alter, der große Verwüster der Schönheit, und es müssen, wenn es nach der natürlichen Ordnung gehen soll, allmählich die erhabenen und edlen Eigenschaften die Stelle der schönen einnehmen, um eine Person, sowie sie nachläßt liebenswürdig zu sein, immer einer größeren Achtung wert zu machen. Meiner Meinung nach sollte in der schönen Einfalt, die durch ein verfeinertes Gefühl an allem, was reizend und edel ist, erhoben worden, die ganze Vollkommenheit des schönen Geschlechts in der Blüte der Jahre bestehen. Allmählich, sowie die Ansprüche auf Reizungen nachlassen, könnte das Lesen der Bücher und die Erweiterung der Einsicht unvermerkt die erledigte Stelle der Grazien durch die Musen ersetzen, und der Ehemann sollte der erste Lehrmeister sein. Gleichwohl, wenn selbst die allem Frauenzimmer so schreckliche Epoche des Altwerdens herankommt, so gehört es doch auch alsdann noch immer zum schönen Geschlecht, und es verunziert sich selbst, wenn es in einer Art von Verzweiflung, diesen Charakter länger zu erhalten, sich einer mürrischen und grämischen Laune überläßt.

Eine bejahrte Person, welche mit einem sittsamen und freundlichen Wesen der Gesellschaft beiwohnt, auf eine muntere und vernünftige Art gesprächig ist, die Vergnügen der Jugend, darin sie selbst nicht Anteil nimmt, mit Anstand begünstigt und, indem sie für alles sorgt, Zufriedenheit und Wohlgefallen an der Freude, die um sie vorgeht, verrät, ist noch immer eine feinere Person als ein Mann in gleichem Alter, und vielleicht noch liebenswürdiger als ein Mädchen, wiewohl in einem anderen Verstande. Zwar möchte die platonische Liebe wohl etwas zu mystisch sein, welche ein alter Philosoph vorgab, wenn er von dem Gegenstande seiner Neigung sagte: »Die Grazien residieren in ihren Runzeln, und meine Seele scheint auf meinen Lippen zu schweben, wenn ich ihren welken Mund küsse«; allein dergleichen Ansprüche müssen alsdann auch aufgegeben werden. Ein alter Mann, der verliebt tut, ist ein Geck, und die ähnlichen Anmaßungen des andern Geschlechts sind alsdann ekelhaft. An der Natur liegt es niemals, wenn wir nicht mit einem guten Anstande erscheinen, sondern daran, daß man sie verkehren will.

Damit ich meinen Text nicht aus den Augen

verliere, so will ich noch einige Betrachtungen über den Einfluß anstellen, den ein Geschlecht aufs andere haben kann, dessen Gefühl zu verschöneren oder zu veredlen. Das Frauenzimmer hat ein vorzügliches Gefühl für das Schöne, sofern es ihnen selbst zukommt, aber für das Edle, insoweit es am männlichen Geschlechte angetroffen wird. Der Mann dagegen hat ein entschiedenes Gefühl für das Edle, was zu seinen Eigenschaften gehört, für das Schöne aber, insofern es an dem Frauenzimmer anzutreffen ist. Daraus muß folgen, daß die Zwecke der Natur darauf gehen, den Mann durch die Geschlechterneigung noch mehr zu veredlen und das Frauenzimmer durch ebendieselbe noch mehr zu verschönern. Ein Frauenzimmer ist darüber wenig verlegen, daß sie gewisse hohe Einsichten nicht besitzt, daß sie furchtsam und zu wichtigen Geschäften nicht auferlegt ist usw. usw., sie ist schön und nimmt ein, und das ist genug. Dagegen fordert sie alle diese Eigenschaften am Manne, und die Erhabenheit ihrer Seele zeigt sich nur darin, daß sie diese edlen Eigenschaften zu schätzen weiß, sofern sie bei ihm anzutreffen sind. Wie würde es sonst wohl möglich sein, daß so viel männliche Fratzengesichter, ob sie gleich Verdienste besitzen mögen, so artige und feine Frauen bekommen könnten! Dagegen ist der Mann viel delikater in Ansehung der schönen Reize des Frauenzimmers. Er ist durch die feine Gestalt desselben, die muntere Naivetät und die reizende Freundlichkeit genugsam schadlos gehalten wegen des Mangels von Büchergelehrsamkeit und wegen anderer Mängel, die er durch seine eigenen Talente ersetzen muß. Eitelkeit und Moden können wohl diesen natürlichen Trieben eine falsche Richtung geben und aus mancher Mannsperson einen süßen Herren, aus dem Frauenzimmer aber eine Pedantin oder Amazone machen, allein die Natur sucht doch jederzeit zu ihrer Ordnung zurückzuführen. Man kann daraus urteilen, welche mächtigen Einflüsse die Geschlechterneigung vornehmlich auf das männliche Geschlecht haben könnte, um es zu veredlen, wenn anstatt vieler trockenen Unterweisungen das moralische Gefühl des Frauenzimmers zeitig entwickelt würde, um dasjenige gehörig zu empfinden, was zu der Würde und zu den erhabenen Eigenschaften des anderen Geschlechts gehört, und dadurch vorbereitet würde, den läppischen Zieraffen mit Verachtung anzusehen und sich keinen andern Eigenschaften als den Verdiensten zu ergeben. Es ist auch gewiß, daß die Gewalt ihrer Reize dadurch überhaupt gewinnen würde; denn es zeigt sich, daß die Bezauberung derselben mehrenteils nur auf edlere Seelen wirke, die anderen sind nicht fein genug, sie zu empfinden. Ebenso sagte der Dichter Simonides, als man ihm riet, vor den Thessaliern seine schönen Gesänge hören zu lassen: »Diese Kerle sind zu dumm dazu, als daß sie von einem solchen Manne, wie ich bin, könnten betrogen werden.« Man hat es sonst schon als eine Wirkung des Umganges mit dem schönen Geschlecht angesehen, daß die männlichen Sitten sanfter, ihr Betragen artiger und geschliffener und ihr Anstand zierlicher geworden; allein dieses ist nur ein Vorteil in der Nebensache.[3] Es liegt am meisten daran, daß der Mann als Mann vollkommner werde und die Frau als ein Weib, d. i. daß die Triebfedern der Geschlechterneigung dem Winke der Natur gemäß wirken, den einen noch mehr zu veredlen und die Eigenschaften der andren zu verschönern. Wenn alles aufs Äußerste kommt, so wird der Mann, dreist auf seine Verdienste, sagen können: »Wenn ihr mich gleich nicht liebt, so will ich euch zwingen, mich hochzuachten«, und das Frauenzimmer, sicher der Macht ihrer Reize, wird antworten: »Wenn ihr uns gleich nicht innerlich hochschätzet, so zwingen wir euch doch, uns zu lieben.« In Ermangelung solcher Grundsätze sieht man Männer Weiblichkeiten annehmen, um zu gefallen, und Frauenzimmer bisweilen (wiewohl viel seltner) einen männlichen Anstand künstlen, um Hochachtung einzuflößen; was man aber wider den Dank der Natur macht, das macht man jederzeit sehr schlecht.

In dem ehelichen Leben soll das vereinigte

Paar gleichsam eine einzige moralische Person ausmachen, welche durch den Verstand des Mannes und den Geschmack der Frauen belebt und regiert wird. Denn nicht allein, daß man jenem mehr auf Erfahrung gegründete Einsicht, diesem aber mehr Freiheit und Richtigkeit in der Empfindung zutrauen kann, so ist eine Gemütsart, je erhabener sie ist, auch um desto geneigter, die größte Absicht der Bemühungen in der Zufriedenheit eines geliebten Gegenstandes zu setzen, und andererseits je schöner sie ist, desto mehr sucht sie durch Gefälligkeit diese Bemühung zu erwidern. Es ist also in einem solchen Verhältnisse ein Vorzugsstreit läppisch und, wo er sich ereignet, das sicherste Merkmal eines plumpen oder ungleich gepaarten Geschmackes. Wenn es dahin kommt, daß die Rede vom Rechte des Befehlshabers ist, so ist die Sache schon äußerst verderbt; denn wo die ganze Verbindung eigentlich nur auf Neigung errichtet ist, da ist sie schon halb zerrissen, sobald sich das Sollen anfängt hören zu lassen. Die Anmaßung des Frauenzimmers in diesem harten Tone ist äußerst häßlich und des Mannes im höchsten Grade unedel und verächtlich. Indessen bringt es die weise Ordnung der Dinge so mit sich: daß alle diese Feinigkeiten und Zärtlichkeiten der Empfindung nur im Anfange ihre ganze Stärke haben, in der Folge aber durch Gemeinschaft und häusliche Angelegenheiten allmählich stumpfer werden und dann in vertrauliche Liebe ausarten, wo endlich die große Kunst darin besteht, noch genugsame Reste von jenen zu erhalten, damit Gleichgültigkeit und Überdruß nicht den ganzen Wert des Vergnügens aufheben, um dessentwillen es einzig und allein verlohnt hat, eine solche Verbindung einzugehen.

---

1. Diese wurde oben in einem strengen Urteil adoptierte Tugend genannt; hier, da sie um des Geschlechtscharakters willen eine günstige Rechtfertigung verdient, heißt sie überhaupt eine schöne Tugend.
2. Wie alle Dinge in der Welt auch ihre schlimme Seite haben, so ist bei diesem Geschmacke nur zu bedauern, daß er leichter wie ein anderer in Lüderlichkeit ausartet. Denn weil das Feuer, das eine Person entzündet hat, eine jede andre wieder löschen kann, so sind nicht genug Schwierigkeiten da, die eine unbändige Neigung einschränken könnten.
3. Dieser Vorteil selbst wird gar sehr gemindert durch die Beobachtung, welche man gemacht haben will, daß diejenigen Mannspersonen, welche zu früh und zu häufig in solchen Gesellschaften eingeflochten sind, denen das Frauenzimmer den Ton gibt, gemeiniglich etwas läppisch werden und im männlichen Umgange langweilig oder auch verächtlich sind, weil sie den Geschmack an einer Unterhaltung verloren haben, die zwar munter, aber doch auch von wirklichem Gehalt, zwar scherzhaft, aber auch durch ernsthafte Gespräche nützlich sein muß.

VIERTER ABSCHNITT

VON DEN NATIONALCHARAKTERN, INSOFERN SIE AUF DEM UNTERSCHIEDLICHEN GEFÜHL DES ERHABENEN UND SCHÖNEN BERUHEN

[1]

Unter den Völkerschaften unseres Weltteils sind meiner Meinung nach die Italiener und Franzosen diejenigen, welche im Gefühl des Schönen, die Deutschen aber, Engländer und Spanier, die durch das Gefühl des Erhabenen sich unter allen übrigen am meisten ausnehmen. Holland kann für dasjenige Land gehalten werden, wo dieser feinere Geschmack ziemlich unmerklich wird. Das Schöne selbst ist entweder bezaubernd und rührend, oder lachend und reizend. Das erstere hat etwas von dem Erhabenen an sich, und das Gemüt in diesem Gefühl ist tiefsinnig und entzückt, in dem Gefühl der zweiten Art aber lächlend und fröhlich. Den Italienern scheint die erstere, den Franzosen die zweite Art des schönen Gefühls vorzüglich angemessen zu sein. In dem Nationalcharaktere, der den Ausdruck des Erhabenen an sich hat, ist dieses entweder das von der schreckhaften Art, das sich ein wenig zum Abenteuerlichen neigt, oder es ist ein Gefühl für das Edle, oder für das Prächtige. Ich glaube Gründe zu haben, das Gefühl der ersteren Art dem Spanier, der zweiten dem Engländer und der dritten dem Deutschen beilegen zu können. Das Gefühl fürs Prächtige ist seiner Natur nach nicht original, so wie die übrigen Arten des Geschmacks, und obgleich ein Nachahmungsgeist mit jedem andern Gefühl kann verbunden sein, so ist er doch dem für das Schimmernd-Erhabene mehr eigen, denn es ist dieses eigentlich ein gemischtes Gefühl aus dem des Schönen und des Edlen, wo jedes, für sich betrachtet, kälter ist, und daher das Gemüt frei genug ist, bei der Verknüpfung desselben auf Beispiele zu merken, und auch deren Antrieb vonnöten hat. Der Deutsche wird demnach weniger Gefühl in Ansehung des Schönen haben, als der Franzose, und weniger von demjenigen, was auf das Erhabene geht, als der Engländer, aber in den Fällen, wo beides verbunden erscheinen soll, wird es seinem Gefühl mehr gemäß sein, wie er denn auch die Fehler glücklich vermeiden wird, in die eine ausschweifende Stärke einer jeden dieser Arten des Gefühls allein geraten könnte.

Ich berühre nur flüchtig die Künste und die Wissenschaften, deren Wahl den Geschmack der Nationen bestätigen kann, welchen wir ihnen beigemessen haben. Das italienische Genie hat sich vornehmlich in der Tonkunst, der Malerei, Bildhauerkunst und der Architektur hervorgetan. Alle diese schönen Künste finden einen gleich feinen Geschmack in Frankreich für sich, obgleich die Schönheit derselben hier weniger rührend ist. Der Geschmack in Ansehung der dichterischen oder rednerischen Vollkommenheit fällt in Frankreich mehr in das Schöne, in England mehr in das Erhabene. Die feinen Scherze, das Lustspiel, die lachende Satire, das verliebte Tändeln und die leicht und natürlich fließende Schreibart sind dort original. In England dagegen Gedanken von tiefsinnigem Inhalt, das Trauerspiel, das epische Gedicht und überhaupt schweres Gold von Witze, welches unter französischem Hammer zu dünnen Blättchen von großer Oberfläche kann gedehnt werden. In Deutschland schimmert der Witz noch sehr durch die Folie. Ehedem war er schreiend, durch Beispiele aber und den Verstand der Nation ist er zwar reizender und edler geworden, aber jenes mit weniger Naivetät, dieses mit einem minder kühnen Schwunge als in den erwähnten Völkerschaften. Der Geschmack der holländischen Nation an einer peinlichen Ordnung und einer

Zierlichkeit, die in Bekümmernis und Verlegenheit setzt, läßt auch wenig Gefühl in Ansehung der ungekünstelten und freien Bewegungen des Genies vermuten, dessen Schönheit durch die ängstliche Verhütung der Fehler nur würde entstellt werden. Nichts kann allen Künsten und Wissenschaften mehr entgegen sein als ein abenteuerlicher Geschmack, weil dieser die Natur verdreht, welche das Urbild alles Schönen und Edlen ist. Daher hat die spanische Nation auch wenig Gefühl für die schönen Künste und Wissenschaften an sich gezeigt.

Die Gemütscharaktere der Völkerschaften sind am kenntlichsten bei demjenigen, was an ihnen moralisch ist; um deswillen wollen wir noch das verschiedene Gefühl derselben in Ansehung des Erhabenen und Schönen aus diesem Gesichtspunkte in Erwägung ziehen.[2]

Der Spanier ist ernsthaft, verschwiegen und wahrhaft. Es gibt wenig redlichere Kaufleute in der Welt als die spanischen. Er hat eine stolze Seele und mehr Gefühl für große als für schöne Handlungen. Da in seiner Mischung wenig von dem gütigen und sanften Wohlwollen anzutreffen ist, so ist er öfters hart und auch wohl grausam. Das Autodafé erhält sich nicht sowohl durch den Aberglauben, als durch die abenteuerliche Neigung der Nation, welche durch einen ehrwürdigschrecklichen Aufzug gerührt wird, worin es den mit Teufelsgestalten bemalten San Benito den Flammen, die eine wütende Andacht entzündet hat, überliefern sieht. Man kann nicht sagen, der Spanier sei hochmütiger oder verliebter als jemand aus einem andern Volke, allein er ist beides auf eine abenteuerliche Art, die seltsam und ungewöhnlich ist. Den Pflug stehen lassen und mit einem langen Degen und Mantel so lange auf dem Ackerfelde spazieren, bis der vorüberreisende Fremde vorbei ist, oder in einem Stiergefechte, wo die Schönen des Landes einmal unverschleiert gesehen werden, seine Beherrscherin durch einen besonderen Gruß ankündigen und dann ihr zu Ehren sich in einen gefährlichen Kampf mit einem wilden Tiere wagen, sind ungewöhnliche und seltsame Handlungen, die von dem Natürlichen weit abweichen.

Der Italiener scheint ein gemischtes Gefühl zu haben von dem eines Spaniers und dem eines Franzosen; mehr Gefühl für das Schöne als der erstere und mehr für das Erhabene als der letztere. Auf diese Art können, wie ich meine, die übrigen Züge seines moralischen Charakters erklärt werden.

Der Franzose hat ein herrschendes Gefühl für das moralisch Schöne. Er ist artig, höflich und gefällig. Er wird sehr geschwinde vertraulich, ist scherzhaft und frei im Umgange, und der Ausdruck ein Mann oder eine Dame von gutem Tone hat nur eine verständliche Bedeutung für den, der das artige Gefühl eines Franzosen erworben hat. Selbst seine erhabenen Empfindungen, deren er nicht wenige hat, sind dem Gefühle des Schönen untergeordnet und bekommen nur ihre Stärke durch die Zusammenstimmung mit dem letzteren. Er ist sehr gerne witzig und wird einem Einfalle ohne Bedenken etwas von der Wahrheit aufopfern. Dagegen, wo man nicht witzig sein kann[3], zeigt er ebensowohl gründliche Einsicht als jemand aus irgendeinem andern Volke, z. E. in der Mathematik und in den übrigen trockenen oder tiefsinnigen Künsten und Wissenschaften. Ein Bonmot hat bei ihm nicht den flüchtigen Wert als anderwärts, es wird begierig verbreitet und in Büchern aufbehalten, wie die wichtigste Begebenheit. Er ist ein ruhiger Bürger und rächt sich wegen der Bedrückungen der Generalpächter durch Satiren, oder durch Parlaments-Remonstrationen, welche, nachdem sie ihrer Absicht gemäß den Vätern des Volks ein schönes patriotisches Ansehen gegeben haben, nichts weiter tun, als daß sie durch eine rühmliche Verweisung gekrönt und in sinnreichen Lobgedichten besungen werden. Der Gegenstand, auf welchen sich die Verdienste und Nationalfähigkeiten dieses Volks am meisten beziehen, ist das Frauenzimmer.[4] Nicht, als wenn es hier mehr als anderwärts geliebt oder geschätzt würde, sondern weil es die beste Veranlassung gibt, die beliebtesten Talente des Witzes, der Artigkeit und der guten Manieren in ihrem Lichte zu zeigen; übrigens liebt eine eitele Person eines jeden Geschlechts jederzeit nur sich selbst; die andere ist bloß ihr Spielwerk. Da es den Franzosen an edlen Eigenschaften gar nicht gebricht, nur daß diese durch die Empfindung des Schönen allein können belebt werden, so würde das schöne Geschlecht hier einen mächtigern Einfluß haben können, die edelsten Handlungen des männlichen zu erwecken und rege zu machen, als irgend sonst in der Welt, wenn man bedacht wäre, diese Richtung des Nationalgeistes ein wenig zu begünstigen. Es ist schade, daß die Lilien nicht spinnen.

Der Fehler, woran dieser Nationalcharakter am nächsten grenzt, ist das Läppische oder, mit einem höflicheren Ausdrucke das Leichtsinnige. Wichtige Dinge werden als Spaße behandelt, und Kleinigkeiten dienen zur ernsthaftesten Beschäftigung. Im Alter singt der Franzose alsdann noch lustige Lieder und ist, soviel er kann, auch galant gegen das Frauenzimmer. Bei diesen Anmerkungen habe ich große Gewährsmänner aus ebenderselben Völkerschaft auf meiner Seite und ziehe mich hinter einen Montesquieu und d'Alembert, um wider jenen besorglichen Unwillen sicher zu sein.

Der Engländer ist im Anfange einer jeden Bekanntschaft kaltsinnig und gegen einen Fremden gleichgültig. Er hat wenig Neigung zu kleinen Gefälligkeiten; dagegen wird er, sobald er ein Freund ist, zu großen Dienstleistungen auferlegt. Er bemüht sich wenig, im Umgange witzig zu sein oder einen artigen Anstand zu zeigen, dagegen ist er verständig und gesetzt. Er ist ein schlechter Nachahmer, frägt nicht viel darnach, was andere urteilen, und folgt lediglich seinem eigenen Geschmacke. Er ist in Verhältnis auf das Frauenzimmer nicht von französischer Artigkeit, aber bezeigt gegen dasselbe weit mehr Achtung und treibt diese vielleicht zu weit, indem er im Ehestande seiner Frauen gemeiniglich ein unumschränktes Ansehen einräumt. Er ist standhaft, bisweilen bis zur Hartnäckigkeit, kühn und entschlossen, oft bis zur Vermessenheit, und handelt nach Grundsätzen gemeiniglich bis zum Eigensinne. Er wird leichtlich ein Sonderling, nicht aus Eitelkeit, sondern weil er sich wenig um andre bekümmert und seinem Geschmacke aus Gefälligkeit oder Nachahmung nicht leichtlich Gewalt tut; um deswillen wird er selten so sehr geliebt als der Franzose, aber, wenn er gekannt ist, gemeiniglich mehr hochgeachtet.

Der Deutsche hat ein gemischtes Gefühl aus dem eines Engländers und dem eines Franzosen, scheint aber dem ersteren am nächsten zu kommen, und die größere Ähnlichkeit mit dem letzteren ist nur gekünstelt und nachgeahmt. Er hat eine glückliche Mischung in dem Gefühle sowohl des Erhabenen und des Schönen; und wenn er in dem ersteren es nicht einem Engländer, im zweiten aber dem Franzosen nicht gleichtut, so übertrifft er sie beide, insofern er sie verbindet. Er zeigt mehr Gefälligkeit im Umgange als der erstere, und wenn er gleich nicht so viel angenehme Lebhaftigkeit und Witz in die Gesellschaft bringt, als der Franzose, so äußert er doch darin mehr Bescheidenheit und Verstand. Er ist, sowie in aller Art des Geschmacks, also auch in der Liebe ziemlich methodisch, und indem er das Schöne mit dem Edlen verbindet, so ist er in der Empfindung beider kalt genug, um seinen Kopf mit den Überlegungen des Anstandes, der Pracht und des Aufsehens zu beschäftigen. Daher sind Familie, Titel und Rang bei ihm sowohl im bürgerlichen Verhältnisse als in der Liebe Sachen von großer Bedeutung. Er frägt weit mehr als die vorigen darnach, was die Leute von ihm urteilen möchten, und wo etwas in seinem Charakter ist, das den Wunsch einer Hauptverbesserung rege machen könnte, so ist es diese Schwachheit, nach welcher er sich nicht erkühnt, original zu sein, ob er gleich dazu alle Talente hat, und daß er sich zu viel mit der Meinung anderer einläßt, welches den sittlichen Eigenschaften alle Haltung nimmt, indem es sie wetterwendisch und falsch gekünstelt macht.

Der Holländer ist von einer ordentlichen und emsigen Gemütsart, und indem er lediglich auf das Nützliche sieht, so hat er wenig Gefühl für dasjenige, was im feineren Verstande schön oder erhaben ist. Ein großer Mann bedeutet bei ihm ebensoviel als ein reicher Mann, unter dem Freunde versteht er seinen Korrespondenten, und ein Besuch ist ihm sehr langweilig, der ihm nichts einbringt. Er macht den Kontrast sowohl gegen den Franzosen als den Engländer und ist gewissermaßen ein sehr phlegmatisierter Deutscher.

Wenn wir den Versuch dieser Gedanken in irgendeinem Falle anwenden, um z. E. das Gefühl der Ehre zu erwägen, so zeigen sich folgende Nationalunterschiede. Die Empfindung für die Ehre ist am Franzosen Eitelkeit, an dem Spanier Hochmut, an dem Engländer Stolz, an dem Deutschen Hoffart und an dem Holländer Aufgeblasenheit. Diese Ausdrücke scheinen beim ersten Anblicke einerlei zu bedeuten, allein sie bemerken nach dem Reichtum unserer deutschen Sprache sehr kenntliche Unterschiede. Die Eitelkeit buhlt um Beifall, ist flatterhaft und veränderlich, ihr äußeres Betragen aber ist höflich. Der Hochmütige ist voll von fälschlich eingebildeten großen Vorzügen und bewirbt sich nicht viel um den Beifall anderer, seine Aufführung ist steif und hochtrabend. Der

Stolz ist eigentlich nur ein größeres Bewußtsein seines eigenen Wertes, der öfters sehr richtig sein kann (um deswillen er auch bisweilen ein edler Stolz heißt; niemals aber kann ich jemanden einen edlen Hochmut beilegen, weil dieser jederzeit eine unrichtige und übertriebene Selbstschätzung anzeigt), das Betragen des Stolzen gegen andere ist gleichgültig und kaltsinnig. Der Hoffärtige ist ein Stolzer, der zugleich eitel ist.[5] Der Beifall aber, den er bei andern sucht, besteht in Ehrenbezeugungen. Daher schimmert er gerne durch Titel, Ahnenregister und Gepränge. Der Deutsche ist vornehmlich von dieser Schwachheit angesteckt. Die Wörter: Gnädig, Hochgeneigt, Hoch- und Wohlgeb. und dergleichen Bombast mehr, machen seine Sprache steif und ungewandt und verhindern gar sehr die schöne Einfalt, welche andere Völker ihrer Schreibart geben können. Das Betragen eines Hoffärtigen in dem Umgange ist Zeremonie. Der Aufgeblasene ist ein Hochmütiger, welcher deutliche Merkmale der Verachtung anderer in seinem Betragen äußert. In der Aufführung ist er grob. Diese elende Eigenschaft entfernt sich am weitesten vom feineren Geschmacke, weil sie offenbar dumm ist; denn das ist gewiß nicht das Mittel, dem Gefühl für Ehre ein Gnüge zu leisten, daß man durch offenbare Verachtung alles um sich zum Hasse und zur beißenden Spötterei auffordert. In der Liebe haben der Deutsche und der Engländer einen ziemlich guten Magen, etwas fein von Empfindung, mehr aber von gesundem und derbem Geschmacke. Der Italiener ist in diesem Punkte grüblerisch, der Spanier phantastisch, der Franzose vernascht.

Die Religion unseres Weltteils ist nicht die Sache eines eigenwilligen Geschmacks, sondern von ehrwürdigerem Ursprunge. Daher können auch nur die Ausschweifungen in derselben und das, was darin den Menschen eigentümlich angehört, Zeichen von den verschiedenen Nationaleigenschaften abgeben. Ich bringe diese Ausschweifungen unter folgende Hauptbegriffe: Leichtgläubigkeit (Credulität), Aberglaube (Superstition), Schwärmerei (Fanaticism) und Gleichgültigkeit (Indifferentism). Leichtgläubig ist mehrenteils der unwissende Teil einer jeden Nation, ob er gleich kein merkliches feineres Gefühl hat. Die Überredung kommt lediglich auf das Hörensagen und das scheinbare Ansehen an, ohne daß einige Art des feinern Gefühls dazu die Triebfeder enthielte. Die Beispiele ganzer Völker von dieser Art muß man im Norden suchen. Der Leichtgläubige, wenn er von abenteuerlichem Geschmack ist, wird abergläubisch. Dieser Geschmack ist sogar an sich selbst ein Grund, etwas leichter zu glauben[6], und von zwei Menschen, deren der eine von diesem Gefühl angesteckt, der andere aber von kalter und gemäßigter Gemütsart ist, wird der erstere, wenn er gleich wirklich mehr Verstand hat, dennoch durch seine herrschende Neigung eher verleitet werden, etwas Unnatürliches zu glauben, als der andere, welchen nicht seine Einsicht, sondern sein gemeines und phlegmatisches Gefühl vor dieser Ausschweifung bewahrt. Der Abergläubische in der Religion stellt zwischen sich und dem höchsten Gegenstande der Verehrung gerne gewisse mächtige und erstaunliche Menschen, Riesen sozureden der Heiligkeit, denen die Natur gehorcht und deren beschwörende Stimme die eisernen Tore des Tartarus auf- oder zuschließt, die, indem sie mit ihrem Haupte den Himmel berühren, ihren Fuß noch auf der niederen Erde stehen haben. Die Unterweisung der gesunden Vernunft wird demnach in Spanien große Hindernisse zu überwinden haben, nicht darum, weil sie die Unwissenheit daselbst zu vertreiben hat, sondern weil ein seltsamer Geschmack ihr entgegensteht, welchem das Natürliche gemein ist und der niemals glaubt, in einer erhabenen Empfindung zu sein, wenn sein Gegenstand nicht abenteuerlich ist. Die Schwärmerei ist sozusagen eine andächtige Vermessenheit und wird durch einen gewissen Stolz und ein gar zu großes Zutrauen zu sich selbst veranlaßt, um den himmlischen Naturen näherzutreten und sich durch einen erstaunlichen Flug über die gewöhnliche und vorgeschriebene Ordnung zu erheben. Der Schwärmer redet nur von unmittelbarer Eingebung und vom beschaulichen Leben, indessen daß der Abergläubische vor den Bildern großer wundertätiger Heiligen Gelübde tut und sein Zutrauen auf die eingebildeten und unnachahmlichen Vorzüge anderer Personen von seiner eigenen Natur setzt. Selbst die Ausschweifungen führen, wie wir oben bemerkt haben, Zeichen des Nationalgefühls bei sich, und so ist der Fanaticismus[7] wenigstens in den vorigen Zeiten am meisten in Deutschland und England anzutreffen gewesen und ist gleichsam ein unnatürlicher Auswuchs des edlen Gefühls, welches zu dem Charakter dieser Völker gehört, und überhaupt bei weitem nicht so schädlich als die abergläubische Neigung, wenn er gleich im Anfange ungestüm ist, weil die Erhitzung eines schwärmerischen Geistes allmählich verkühlt und seiner Natur nach endlich zur ordentlichen Mäßigung gelangen muß, anstatt daß der Aberglaube sich in einer ruhigen und leidenden Gemütsbeschaffenheit unvermerkt tiefer einwurzelt und dem gefesselten Menschen das Zutrauen gänzlich benimmt, sich von einem schädlichen Wahne jemals zu befreien. Endlich ist ein Eiteler und Leichtsinniger jederzeit ohne stärkeres Gefühl für das Erhabene, und seine Religion ist ohne Rührung, mehrenteils nur eine Sache der Mode, welche er mit aller Artigkeit begeht und kalt bleibt. Dieses ist der praktische Indifferentismus, zu welchem der französische Nationalgeist am meisten geneigt zu sein scheint, wovon bis zur frevelhaften Spötterei nur ein Schritt ist, und der im Grunde, wenn auf den inneren Wert gesehen wird, vor einer gänzlichen Absagung wenig voraushat.

Gehen wir mit einem flüchtigen Blicke noch die anderen Weltteile durch, so treffen wir den Araber als den edelsten Menschen im Oriente an, doch von einem Gefühl, welches sehr in das Abenteuerliche ausartet. Er ist gastfrei, großmütig und wahrhaft; allein seine Erzählung und Geschichte und überhaupt seine Empfindung ist jederzeit mit etwas Wunderbarem durchflochten. Seine erhitzte Einbildungskraft stellt ihm die Sachen in unnatürlichen und verzogenen Bildern dar, und selbst die Ausbreitung seiner Religion war ein großes Abenteuer. Wenn die Araber gleichsam die Spanier des Orients sind, so sind die Perser die Franzosen von Asien. Sie sind gute Dichter, höflich und von ziemlich feinem Geschmacke. Sie sind nicht so strenge Befolger des Islam und erlauben ihrer zur Lustigkeit aufgelegten Gemütsart eine ziemlich milde Auslegung des Koran. Die Japoneser könnten gleichsam als die Engländer dieses Weltteils angesehen werden, aber kaum in einer andern Eigenschaft als ihrer Standhaftigkeit, die bis zur äußersten Halsstarrigkeit ausartet, ihrer Tapferkeit und Verachtung des

Todes. Übrigens zeigen sie wenig Merkmale eines feineren Gefühls an sich. Die Indianer haben einen herrschenden Geschmack von Fratzen von derjenigen Art, die ins Abenteuerliche einschlägt. Ihre Religion besteht aus Fratzen. Götzenbilder von ungeheurer Gestalt, der unschätzbare Zahn des mächtigen Affen Hanuman, die unnatürlichen Büßungen der Fakirs (heidnischer Bettelmönche) usw. sind in diesem Geschmacke. Die willkürliche Aufopferung der Weiber in ebendemselben Scheiterhaufen, der die Leiche ihres Mannes verzehrt, ist ein scheußliches Abenteuer. Welche läppische Fratzen enthalten nicht die weitschichtigen und ausstudierten Komplimente der Chineser; selbst ihre Gemälde sind fratzenhaft und stellen wunderliche und unnatürliche Gestalten vor, dergleichen nirgend in der Welt anzutreffen sind. Sie haben auch ehrwürdige Fratzen, darum, weil sie von uraltem Gebrauch sind[8], und keine Völkerschaft in der Welt hat deren mehr als diese.

Die Negers von Afrika haben von der Natur kein Gefühl, welches über das Läppische stiege. Herr Hume fordert jedermann auf, ein einziges Beispiel anzuführen, da ein Neger Talente gewiesen habe, und behauptet: daß unter den Hunderttausenden von Schwarzen, die aus ihren Ländern anderwärts verführt werden, obgleich deren sehr viele auch in Freiheit gesetzt werden, dennoch nicht ein einziger jemals gefunden worden, der entweder in Kunst oder Wissenschaft oder irgendeiner andern rühmlichen Eigenschaft etwas Großes vorgestellt habe, obgleich unter den Weißen sich beständig welche aus dem niedrigsten Pöbel emporschwingen und durch vorzügliche Gaben in der Welt ein Ansehen erwerben. So wesentlich ist der Unterschied zwischen diesen zwei Menschengeschlechtern, und er scheint ebenso groß in Ansehung der Gemütsfähigkeiten als der Farbe nach zu sein. Die unter ihnen weit ausgebreitete Religion der Fetische ist vielleicht eine Art von Götzendienst, welcher so tief ins Läppische sinkt, als es nur immer von der menschlichen Natur möglich zu sein scheint. Eine Vogelfeder, ein Kuhhorn, eine Muschel oder jede andere gemeine Sache, sobald sie durch einige Worte eingeweiht worden, ist ein Gegenstand der Verehrung und der Anrufung in Eidschwüren. Die Schwarzen sind sehr eitel, aber auf Negerart, und so plauderhaft, daß sie mit Prügeln müssen auseinandergejagt werden.

Unter allen Wilden ist keine Völkerschaft, welche einen so erhabenen Gemütscharakter an sich zeigte, als die von Nordamerika. Sie haben ein starkes Gefühl für Ehre, und indem sie, um sie zu erjagen, wilde Abenteuer Hunderte von Meilen weit aufsuchen, so sind sie noch äußerst aufmerksam, den mindesten Abbruch derselben zu verhüten, wenn ihr ebenso harter Feind, nachdem er sie

ergriffen hat, durch grausame Qualen feige
Seufzer von ihnen zu erzwingen sucht. Der kana-
dische Wilde ist übrigens wahrhaft und redlich.
Die Freundschaft, die er errichtet, ist ebenso abenteuerlich und enthusiastisch, als was jemals aus
den ältesten und fabelhaften Zeiten davon ge-
meldet worden. Er ist äußerst stolz, empfindet
den ganzen Wert der Freiheit und erduldet selbst
in der Erziehung keine Begegnung, welche ihm
eine niedrige Unterwerfung empfinden ließe. Ly-
kurgus hat wahrscheinlicherweise eben dergleichen Wilden Gesetze gegeben, und wenn ein
Gesetzgeber unter den sechs Nationen aufstände,
so würde man eine spartanische Republik sich in
der neuen Welt erheben sehen; wie denn die Un-
ternehmung der Argonauten von den Krieges-
zügen dieser Indianer wenig unterschieden ist,
und Jason vor dem Attakakullakulla nichts als die
Ehre eines griechischen Namens voraushat. Alle
diese Wilden haben wenig Gefühl für das Schöne
im moralischen Verstande, und die großmütige
Vergebung einer Beleidigung, die zugleich edel
und schön ist, ist als Tugend unter den Wilden
völlig unbekannt, sondern wird wie eine elende
Feigheit verachtet. Tapferkeit ist das größte Verdienst des Wilden, und Rache seine süßeste Wollust. Die übrigen Eingebornen dieses Weltteils
zeigen wenig Spuren eines Gemütscharakters,
welcher zu feineren Empfindungen aufgelegt

wäre, und eine außerordentliche Fühllosigkeit macht das Merkmal dieser Menschengattungen aus.

Betrachten wir das Geschlechterverhältnis in diesen Weltteilen, so finden wir, daß der Europäer einzig und allein das Geheimnis gefunden hat, den sinnlichen Reiz einer mächtigen Neigung mit so viel Blumen zu schmücken und mit so viel Moralischem zu durchflechten, daß er die Annehmlichkeiten desselben nicht allein überaus erhöht, sondern auch sehr anständig gemacht hat. Der Bewohner des Orients ist in diesem Punkte von sehr falschem Geschmacke. Indem er keinen Begriff hat von dem sittlich Schönen, das mit diesem Triebe kann verbunden werden, so büßt er auch sogar den Wert des sinnlichen Vergnügens ein, und sein Harem ist ihm eine beständige Quelle von Unruhe. Er gerät auf allerlei verliebte Fratzen, worunter das eingebildete Kleinod eins der vornehmsten ist, dessen er sich vor allem zu versichern sucht, dessen ganzer Wert nur darin besteht, daß man es zerbricht, und von welchem man überhaupt in unserem Weltteil viel hämischen Zweifel hegt und zu dessen Erhaltung er sich sehr unbilliger und öfters ekelhafter Mittel bedient. Daher ist die Frauensperson daselbst jederzeit im Gefängnisse, sie mag nun ein Mädchen sein oder einen barbarischen, untüchtigen und jederzeit argwöhnischen Mann haben. In den Ländern der Schwarzen: was kann man da Besseres erwarten, als was durchgängig daselbst angetroffen wird, nämlich das weibliche Geschlecht in der tiefsten Sklaverei? Ein Verzagter ist allemal ein strenger Herr über den Schwächeren, sowie auch bei uns derjenige Mann jederzeit ein Tyrann in der Küche ist, welcher außer seinem Hause sich kaum erkühnt, jemanden unter die Augen zu treten. Der Pater Labat meldet zwar, daß ein Negerzimmermann, dem er das hochmütige Verfahren gegen seine Weiber vorgeworfen, geantwortet habe: »Ihr Weißen seid rechte Narren, denn zuerst räumet ihr euren Weibern so viel ein, und hernach klagt ihr, wenn sie euch den Kopf toll machen«; es ist auch, als wenn hierin so etwas wäre, was vielleicht verdiente, in Überlegung gezogen zu werden, allein kurzum, dieser Kerl war vom Kopf bis auf die Füße ganz schwarz, ein deutlicher Beweis, daß das, was er sagte, dumm war. Unter allen Wilden sind keine, bei denen das weibliche Geschlecht in größerem wirklichen Ansehen stände, als die von Kanada. Vielleicht übertreffen sie darin sogar unseren gesitteten Weltteil. Nicht als wenn man den Frauen daselbst demütige Aufwartungen machte; das sind nur Komplimente. Nein, sie haben wirklich zu befehlen. Sie versammeln sich und beratschlagen über die wichtigsten Anordnungen der Nation, über Krieg und Frieden. Sie schicken darauf ihre Abgeordneten an den männlichen Rat, und gemeiniglich ist ihre Stimme diejenige, welche entscheidet. Aber sie erkaufen diesen Vorzug teuer genug. Sie haben alle häuslichen Angelegenheiten auf dem Halse und nehmen an allen Beschwerlichkeiten der Männer mit Anteil.

Wenn wir zuletzt noch einige Blicke auf die Geschichte werfen, so sehen wir den Geschmack der Menschen wie einen Proteus stets wandelbare Gestalten annehmen. Die alten Zeiten der Griechen und Römer zeigen deutliche Merkmale eines echten Gefühls für das Schöne sowohl als das Erhabene in der Dichtkunst, der Bildhauerkunst, der Architektur, der Gesetzgebung und selbst in den Sitten. Die Regierung der römischen Kaiser veränderte die edle sowohl als die schöne Einfalt in das Prächtige und dann in den falschen Schimmer, wovon uns noch die Überbleibsel ihrer Beredsamkeit, Dichtkunst und selbst die Geschichte ihrer Bitten belehren können. Allmählich erlosch auch dieser Rest des feinern Geschmacks mit dem gänzlichen Verfall des Staats. Die Barbaren, nachdem sie ihrerseits ihre Macht befestigten, führten einen gewissen verkehrten Geschmack ein, den man den gotischen nennt und der auf Fratzen auslief. Man sah nicht allein Fratzen in der Baukunst, sondern auch in den Wissenschaften und den übrigen Gebräuchen. Das verunartete Gefühl, da es einmal durch falsche Kunst geführt ward, nahm eher eine jede andere natürliche Gestalt als die alte Einfalt der Natur an, und war entweder beim Übertriebenen oder beim Läppischen. Der höchste Schwung, den das menschliche Genie nahm, um zu dem Erhabenen aufzusteigen, bestand in Abenteuern. Man sah geistliche und weltliche Abenteurer und oftmals eine widrige und ungeheure Bastardart von beiden. Mönche mit dem Meßbuch in einer und der Kriegesfahne in der andern Hand, denen ganze Heere betrogener Schlachtopfer folgten, um in andern Himmelsgegenden und in einem heiligeren Boden ihre Gebeine verscharren zu lassen, eingeweihte Krieger, durch feierliche Gelübde zur Gewalttätigkeit und Missetaten geheiligt, in der Folge eine seltsame Art von heroischen Phantasten, welche sich Ritter nannten und Abenteuer aufsuchten, Turniere, Zweikämpfe und romantische Handlungen. Während dieser Zeit ward die Religion zusamt den Wissenschaften und Sitten durch elende Fratzen entstellt, und man bemerkt, daß der Geschmack nicht leichtlich auf einer Seite ausartet, ohne auch in allem übrigen, was zum feineren Gefühl gehört, deutliche Zeichen seiner Verderbnis darzulegen. Die Klostergelübde machten aus einem großen Teil nutzbarer Menschen zahlreiche Gesellschaften emsiger Müßiggänger, deren grüblerische Lebensart sie geschickt machte, tausend Schulfratzen auszuhecken, welche von da in größere Welt ausgingen und ihre Art verbreiteten. Endlich, nachdem das menschliche Genie von einer fast gänzlichen Zerstörung sich durch eine Art von Palingenesie glücklich wiederum erhoben hat, so sehen wir in unsern Tagen den richtigen Geschmack des Schönen und Edlen, sowohl in den Künsten und Wissenschaften als in Ansehung des Sittlichen, aufblühen, und es ist nichts mehr zu wünschen, als daß der falsche Schimmer, der so leichtlich täuscht, uns nicht unvermerkt von der edlen Einfalt entferne, vornehmlich aber, daß das noch unentdeckte Geheimnis der Erziehung dem alten Wahne entrissen werde, um das sittliche Gefühl frühzeitig in dem Busen eines jeden jungen Weltbürgers zu einer tätigen Empfindung zu erhöhen, damit nicht alle Feinigkeit bloß auf das flüchtige und müßige Vergnügen hinauslaufe, dasjenige, was außer uns vorgeht, mit mehr oder weniger Geschmacke zu beurteilen.

1764.

---

1. Meine Absicht ist gar nicht, die Charaktere der Völkerschaften ausführlich zu schildern, sondern ich entwerfe nur einige Züge, die das Gefühl des Erhabenen und Schönen an ihnen ausdrücken. Man kann leicht erachten, daß an dergleichen Zeichnung nur eine leidliche Richtigkeit könne verlangt werden, daß die Urbilder davon nur in dem großen Haufen derjenigen, die auf ein feineres Gefühl Anspruch machen, hervorstechen und daß es keiner Na-

tion an Gemütsarten fehle, welche die vortrefflichsten Eigenschaften von dieser Art vereinbaren. Um deswillen kann der Tadel, der gelegentlich auf ein Volk fallen möchte, keinen beleidigen, wie er denn von solcher Natur ist, daß ein jeglicher ihn wie einen Ball auf seinen Nachbar schlagen kann. Ob diese Nationalunterschiede zufällig seien und von den Zeitläuften und der Regierungsart abhängen, oder mit einer gewissen Notwendigkeit an das Klima gebunden seien, das untersuche ich hier nicht.

2. Es ist kaum nötig, daß ich hier meine vorige Entschuldigung wiederhole. In jedem Volke enthält der feinste Teil rühmliche Charaktere von aller Art, und wen ein oder anderer Tadel treffen sollte, der wird, wenn er fein genug ist, seinen Vorteil verstehen, der daraus ankommt, daß er jeden andern seinem Schicksale überläßt, sich selbst aber ausnimmt.

3. In der Metaphysik, der Moral und den Lehren der Religion kann man bei den Schriften dieser Nation nicht behutsam genug sein. Es herrscht darin gemeiniglich viel schönes Blendwerk, welches in einer kalten Untersuchung die Probe nicht hält. Der Franzose liebt das Kühne in seinen Aussprüchen; allein, um zur Wahrheit zu gelangen, muß man nicht kühn, sondern behutsam sein. In der Geschichte hat er gerne Anekdoten, denen nichts weiter fehlt, als daß zu wünschen ist, daß sie nur wahr wären.

4. Das Frauenzimmer gibt in Frankreich allen Gesellschaften und allem Umgange den Ton. Nun ist wohl nicht zu leugnen, daß die Gesellschaften ohne das schöne Geschlecht ziemlich schmacklos und langweilig sind; allein wenn die Dame darin den schönen Ton angibt, so sollte der Mann seinerseits den edlen angeben. Widrigenfalls wird der Umgang ebensowohl langweilig, aber aus einem entgegengesetzten Grunde: weil nichts so sehr verekelt als lauter Süßigkeit. Nach dem französischen Geschmacke heißt es nicht: Ist der Herr zu Hause?, sondern: Ist Madame zu Hause? Madame ist vor der Toilette, Madame hat Vapeurs (eine Art schöner Grillen); kurz, mit Madame und von Ma-

dame beschäftigen sich alle Unterredungen und alle Lustbarkeiten. Indessen ist das Frauenzimmer dadurch gar nicht mehr geehrt. Ein Mensch, welcher tändelt, ist jederzeit ohne Gefühl sowohl der wahren Achtung als auch der zärtlichen Liebe. Ich möchte wohl, um wer weiß wieviel, dasjenige nicht gesagt haben, was Rousseau so verwegen behauptet: daß ein Frauenzimmer niemals etwas mehr als ein großes Kind werde. Allein der scharfsichtige Schweizer schrieb dieses in Frankreich, und vermutlich empfand er es als ein so großer Verteidiger des schönen Geschlechts mit Entrüstung, daß man demselben nicht mit mehr wirklicher Achtung daselbst begegnet.

5. Es ist nicht nötig, daß ein Hoffärtiger zugleich hochmütig sei, d. h. sich eine übertriebene, falsche Einbildung von seinen Vorzügen mache, sondern er kann vielleicht sich nicht höher schätzen, als er wert ist, er hat aber nur einen falschen Geschmack, diesen seinen Wert äußerlich geltend zu machen.

6. Man hat sonst bemerkt, daß die Engländer als ein so kluges Volk gleichwohl leichtlich durch eine dreiste Ankündigung einer wunderlichen und ungereimten Sache können berückt werden, sie anfänglich zu glauben; wovon man viele Beispiele hat. Allein eine kühne Gemütsart, vorbereitet durch verschiedene Erfahrungen, in welchen manche seltsamen Dinge gleichwohl wahr befunden worden, bricht geschwinde durch die kleinen Bedenklichkeiten, von denen ein schwacher und mißtrauischer Kopf bald aufgehalten wird und so ohne sein Verdienst bisweilen vor dem Irrtum verwahrt wird.

7. Der Fanaticism muß vom Enthusiasmus jederzeit unterschieden werden. Jener glaubt eine unmittelbare und außerordentliche Gemeinschaft mit einer höheren Natur zu fühlen, dieser bedeutet den Zustand des Gemüts, da dasselbe durch irgendeinen Grundsatz über den geziemenden Grad erhitzt worden, es sei nun durch die Maxime der patriotischen Tugend, oder der Freundschaft, oder der Religion, ohne daß hiebei die Einbildung einer

übernatürlichen Gemeinschaft etwas zu schaffen hat.

8. Man begeht noch in Peking die Zeremonie, bei einer Sonnen- oder Mondfinsternis durch großes Geräusch den Drachen zu verjagen, der diese Himmelskörper verschlingen will, und behält einen elenden Gebrauch aus den ältesten Zeiten der Unwissenheit bei, ob man gleich jetzt besser belehrt ist.